Hans Scheibner

Currywurst und Ewigkeit

Bei Kurt in der Bahnhofskneipe

28 satirische Monologe

Rasch und Röhring Verlag

CIP-Titelaufnahme der Deutschen Bibliothek

Scheibner, Hans:
Currywurst und Ewigkeit: bei Kurt in der Bahnhofskneipe/
Hans Scheibner. – Hamburg: Rasch und Röhring, 1992
ISBN 3-89136-465-2

Schutzumschlaggestaltung: Peter Albers
Satzherstellung: KCS GmbH, Buchholz/Hamburg
Druck- und Bindearbeiten: Ebner Ulm
Printed in Germany

Inhalt

Diese ausgewählten Texte entstanden von Januar '91 bis April '92 als 5-Minuten-Satiren, die jeweils vor der NDR-Talkshow auf N3 gesendet wurden.
Mein Freund Andreas Nowak hat mir dabei wieder mit Ideen, Vorschlägen und Beratung zur Seite gestanden. Die Redaktion hatte Uta Fahrenholtz – die mich mit ihrem kritischen Engagement für die Satire und ihrem unerbittlichen Qualitätsbewußtsein immer unterstützt und beeinflußt hat.

Hans Scheibner, im Herbst '92

»Zum letzten Anschluß«

Ein Vorwort

In der Bahnhofskneipe »Zum letzten Anschluß« hört man die Stationsansagen von den Bahnsteigen her: »Achtung, an Gleis 13 hat Einfahrt der ICE *Mercator* nach Lissabon. Der ICE führt nur die erste Wagenklasse...« An der Wand neben der Gewürzgurken-Werbung hängen die Pläne mit den Ankunfts- und Abfahrtzeiten.

Es ist nicht gemütlich in der Bahnhofskneipe. Die meisten Gäste wollen nur ein schnelles Bier im Stehen. Aber immer hat auch jemand seinen Zug verpaßt – und muß nun irgendwie die Zeit totschlagen, bis der nächste kommt.

In gewöhnlichen Kneipen kennt der Wirt seine Stammgäste besser als seine eigene Familie. In gewöhnlichen Kneipen dürfen die gerngesehenen Gäste anschreiben lassen, die weniger gerngesehenen müssen sofort bezahlen. Das ist in der Bahnhofskneipe alles anders. Stammgäste gibt's gar nicht. Oder höchstens solche, die »regelmäßig nach Köln fahren« – also jeden Monat einmal. Oder Robert, den Penner, der sich im Winter immer mal aufwärmen darf. Kredit gibt's überhaupt nicht. Das wäre ja noch schöner: Für sechs Mark Buletten und ein Bier anschreiben lassen und dann mit dem Skandina-

vien-Expreß an den Polarkreis reisen – und nie wieder zurückkommen.
Im »Letzten Anschluß« steht Kurt hinterm Tresen, der Wirt. Er hört jedem zu, der ihm was sagen will. Er hört abends um acht einer jungen Frau zu, die von ihrem Mann weggelaufen ist und irgendwohin will... Sie weint und redet gleichzeitig. Kurt wäscht seine Gläser ab – und hört ihr zu. Kurt hört auch dem besoffenen Bundeswehroffizier zu, der die Welt nicht mehr versteht – seit sie immer nur von Abrüstung reden. Kurt hört zu und wischt den Tresen ab. Kurt hört auch dem Weihnachtsmann zu. Der Weihnachtsmann ist arbeitslos und hat sein Weihnachtsmanngesicht und den weißen Bart neben sich auf den Tresen gelegt. »Die Zeiten sind hart«, sagt der Weihnachtsmann. »Früher hatte ich den Bezirk vorm Kaufhaus allein. Jetzt stehen da noch drei Nikoläuse. Und der eine hat einen Engel dabei, die ziehen die große Show ab und unterbieten auch noch die Preise...« Kurt kocht einen Kaffee und stellt ihn einer Dame auf den Tresen, die eigentlich gar keine Dame ist.
Alle kommen sie in die Bahnhofskneipe: ein Steuerprüfer auf dem Weg zum Steuerpflichtigen; der Abteilungsleiter, der seine Frau vom Zug abholen will, die ohne ihn in den Urlaub gefahren ist; der Rüstungsexperte, der dringend mal wieder nach Frankfurt muß; manchmal schneit sogar ein Schauspieler vom Fernsehen rein oder ein Popstar – mit großem Gefolge; dann duftet der »Letzte Anschluß« noch

stundenlang nach teurem Parfüm. Ja, einmal war sogar der Ministerpräsident ganz kurz bei Kurt zu Gast. Zum Entsetzen seiner Sicherheitsbeamten. »Ich hab' diese ewigen Bankette so satt. Ich muß einmal in meinem Leben wieder eine richtige Currywurst essen! Haben Sie 'ne Currywurst? Und ein Flaschenbier – bitte ohne Glas! –, Sie wissen ja gar nicht, wie gut Sie es haben. Hier ist doch das Leben, Herr Wirt. Unsereiner ist doch lebendig begraben. Mein Gott, wann war ich das letzte Mal in einer ganz normalen Bahnhofsgaststätte! Machen Sie die Buletten selber? Kann ich eine haben?« Und Kurt hört zu. Kurt leert den Aschenbecher und hört zu.

Niemand hat Kurt je ein Wort antworten hören. Dem Weihnachtsmann nicht, dem Penner nicht und auch nicht dem Herrn Ministerpräsidenten. Kurt nickt vielleicht mal, er brummt auch mal »hm, hm« – aber nie macht Kurt den Fehler, einen eigenen Kommentar abzugeben oder gar einen Ratschlag oder eine Gegenmeinung. Das würde seine Gäste auch ganz bestimmt erheblich irritieren. Sie wollen etwas loswerden, sie wollen reden und sich entblößen – eine Meinung wollen sie gar nicht. Sie wollen, daß jemand zuhört. Und Kurt hört zu. Er wäscht seine Gläser und hört ganz genau zu.

Freunde sagen zu mir: »Die gibt's ja gar nicht, deine Bahnhofskneipe ›Zum letzten Anschluß‹. Die hast du doch bloß erfunden – für deine Fernsehsendung ›5 vor Talk‹ auf N3.« Das ist nicht wahr. Solche Bahnhofskneipen gibt's noch überall – auf'm Hauptbahnhof von Kamp-Lintfort oder Hagen–Hamm, Hauptbahnhof Iserlohn usw. –, auch wenn sie vielleicht nicht so heißen.

*

Eine der eindrucksvollsten Gestalten, die ich bei Kurt beobachtet habe, war Karl-Heinz. Der Wessi, wie ich ihn genannt habe. An seinen Auftritten konnte man die Entwicklung der Verwandtschaftsbeziehungen zwischen den Ossis und den Wessis ganz gut ablesen. Obwohl – damals, als er das erstemal in der Bahnhofskneipe auftauchte, gehörten die Begriffe Wessi und Ossi noch gar nicht zum allgemeinen Sprachschatz.
Sein erster Auftritt bei Kurt fand schon gleich nach der Öffnung der Mauer statt, gleich nach dem ersten Freudentaumel der Wende. Denn es gab schließlich ein nationales Ereignis, das nun wirklich ein bißchen wichtiger war als die Wiedervereinigung: Deutschland stand im Endspiel um die Fußballweltmeisterschaft. Und da zeigte sich bereits jener Konflikt, der später zum Beziehungsproblem der Nation werden sollte, in seiner ganzen Bösartigkeit.
Übrigens: Karl-Heinz trug immer einen Freizeithut mit Pepitamuster ...

Karl-Heinz, der Wessi I
oder Das ist mein Rudi Völler!

Ach was, schenk mir noch einen ein, Kurt! Deutschland ist Weltmeister. Und ich muß mir die Stimmung versauen lassen. Von einem Zoni. Den ich extra eingeladen hab' zum Endspiel. Verwandtschaft ist das Letzte, sag' ich dir.

Das ging schon gleich los, wie Völler den Freistoß von Brehme rechts übers Tor donnert. Siebte Minute – oder so. Da schreit doch mein DDR-Vetter Alfons: »Flach schießen, du Pflaume!«

Ich sag': »Hör mal zu, Alfons. Völler ist unser bester Mann. Da sagst du als DDR-Fuzzi nicht Pflaume zu! Verstanden!« Da sagt er: »Was heißt euer Mann? Das ist auch unsere Nationalmannschaft. Da kann ich genauso über mitreden!«

Na gut. Ich dachte noch: »Laß ihn sabbeln.« Weil das Spiel ja noch lief. Da kurvt Hässler von links rein. Auf Litti – der schießt. Und mein DDR-Vetter springt aus'm Sessel hoch und schreit: »Wir werden Weltmeister! Wir werden Weltmeister!«

Als wenn er als DDR-Typ tatsächlich einen echten Anspruch auf unsere Nationalmannschaft hätte. Ich war ja selber in Begeisterung. Aber immer dieses »Wir Deutsche« und »Unsere Mannschaft« von einem Zoni hören zu müssen, dem du vor paar Tagen noch 'ne

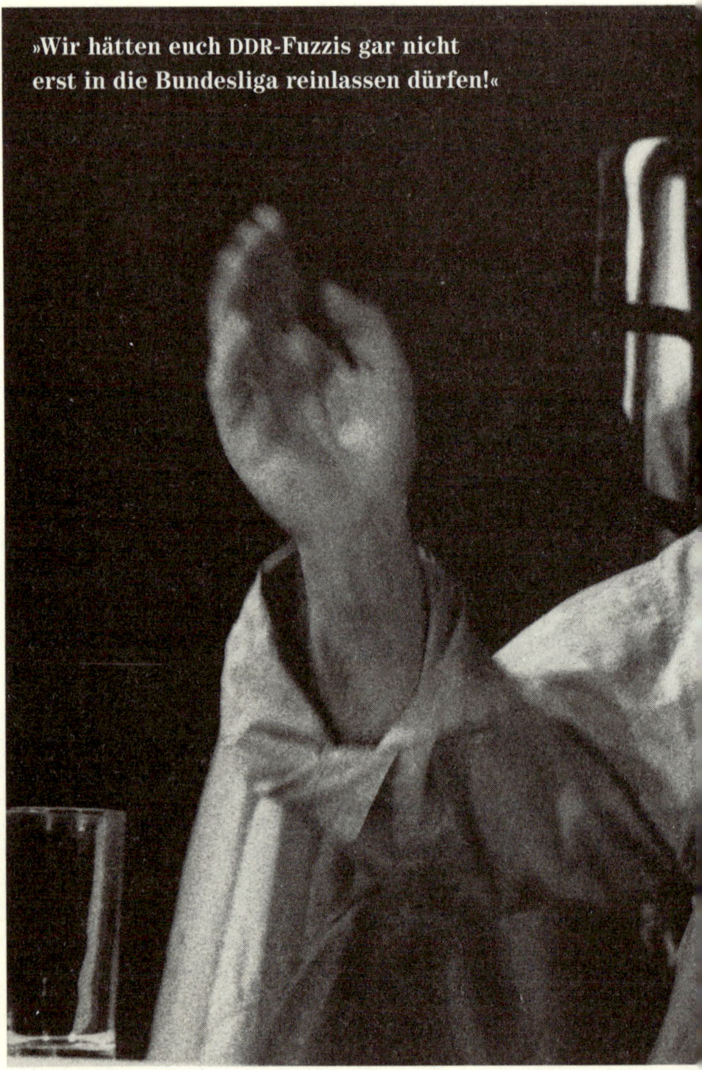
»Wir hätten euch DDR-Fuzzis gar nicht
erst in die Bundesliga reinlassen dürfen!«

Banane geschenkt hast – also das hat mich genervt, sag' ich dir.
Und nach dem Elfmeter war er völlig größenwahnsinnig geworden. »Wir sind wieder wer. Ganz Deutschland ist Weltmeister!«
Ich sag': »Nun mal halblang! Du darfst mir vielleicht gratulieren oder dich freuen, daß du mit einem Weltmeister verwandt bist – aber darum bleibt das immer noch *unsere* Nationalmannschaft!«
Aber er – ganz stur: »Wir haben die deutsche Einheit. Wir sind jetzt ein Volk und ein Weltmeister!«
Mann, ich kann den Kerl nicht ab. Ich konnte ihn noch nie ab. Ich sag': »Wir haben euch unsere gute D-Mark hinten reingeblasen für euer Klopapier von Ostgeld! Wir wollen ja sogar unseren Kanzler mit euch teilen. Aber die Fußballnationalmannschaft? Das ist *mein* Rudi Völler und nicht deiner! Darum hat der DFB ja auch keine gesamtdeutsche Mannschaft aufgestellt!«
Weißt du, was er da ganz frech erwidert? (Ja, gib her. Ich brauch' einen Schnaps.) »Wenn das so ist«, sagt er, »dann hätte ja nur die BRD gewonnen. Und nicht das ganze Deutschland!«
Ich sag': »Wir hier im Westen, wir haben für das ganze Deutschland den Titel geholt. Wir haben doch sowieso immer alles für euch mitgemacht. Die freie Marktwirtschaft, die Demokratie. Und euch haben wir auf'm Rand mitgenommen. Das ist *unser* Sieg – und ihr müßt erst mal was leisten, bevor ihr euch Weltmeister nennen dürft.«

Aber er, er ist rausgegangen und hat auf seinem Trabi gehupt – döööt, döööööt: »Wir sind Weltmeister!« Verwandtschaft, sag' ich dir! Gib mir noch einen, Kurt! Ich halt das nicht aus.

*

Wenn ich Glück hab', kommt auch mal Robert rein. Robert wohnt auf'm Bahnhof – also irgendwo um den Bahnhof rum. Ich hab' ihn im Sommer auch schon tagsüber zum Beispiel auf'm Großneumarkt sitzen sehen. Wenn Robert Glück hat, gelingt es ihm immer, Anfang November wegen Zechprellerei eingesperrt zu werden. Aber das ist nicht einfach. Im Winter kommt er dann manchmal kurz vor Feierabend zu Kurt, um sich aufzuwärmen. Robert weiß genau: Wenn Gäste kommen, muß er schnell wieder verschwinden. Ein anderer Gast bei Kurt hat mal behauptet: Robert hat den Doktor phil. Er war mal ein großes Tier in irgend'ner Firma. Penner ist er geworden – aus rein privaten Gründen: Darüber spricht er nicht. Robert ist jedenfalls noch ein Penner vom alten Schlage, ein Original-Penner – nicht einfach so 'n Sozialfall-Penner, so 'n normaler Arbeitsloser – denn das ist ja die neue Penner-Generation...

Robert, der Penner
oder Der Schlafsack

Nur kurz mal aufwärmen, Chef. Ich bin nicht besoffen – auf Ehre... Muß nur mal meine Frostbeulen reiben... Wenn in deiner Bahnhofskneipe Herrschaften kommen, mach' ich sofort 'ne Mücke... Was sagst du, Chef? Bier und Frikadelle? Ist vielleicht Weihnachten? Bist ein Mensch, Chef! Ich sag' es auch nicht weiter... Was mit meinem Kumpel Herbert is'...? Hast das nicht gelesen? An der Alster da unten is' er liegengeblieben. Im Januar kaltgemacht, kann man sagen – aber von der Kälte. Soll'n schöner Tod sein: erfrieren. Ist nur ganz zuerst bißchen unangenehm. Aber nach 'ner Weile wird dir ganz warm, und dann schläfst du ein. Wenn du aufwachst, bist du erfroren.

Das war nämlich so, Chef: Herbert haben sie auch den Schlafsack verweigert – genau wie mir. Hier hab' ich noch das Schreiben von der Behörde: »*... da ein Schlafsack zum Hausrat zu rechnen ist. Dieser wiederum setzt einen festen Wohnsitz bzw. eine Unterkunft voraus. Mit der Bezuschussung eines Schlafsackes für Obdachlose würde das Nächtigen im Freien behördlicherseits unterstützt, was auf jeden Fall abzulehnen ist...*« Wie? Sauerei? Nee, nee, Chef. Ich hab' darüber nachgedacht – das haben die sich

gut überlegt da auf'm Amt. Weil: Die meinen das gut mit uns. Wenn du nämlich einen Schlafsack hättest, könntest du ja nie diesen wunderbar warmen Abgang kriegen. Mit Schlafsack kannst du ja praktisch nie erfrieren, so daß du nie in den Genuß von so einem gemütlichen Tod kommst. Was? Einen Korn krieg' ich auch noch? Mann, Chef, denkst du etwa, ich trinke? Danke, bist ein Mensch! Wenn du keinen Schlafsack hast, erfrierst du an der Alster unter der Brücke. Aber damit hast du dann ja automatisch eine Wohnung. Bißchen eng vielleicht, aber ganz für dich alleine. Sechs Bretter um dich rum, aber dein eigen und kleines Grundstück eineinhalb Meter tief. Und dann hast du auch wieder Anspruch auf Schlafsack. Bloß daß du ihn dann nicht mehr gebrauchen kannst. Aber *mit* Schlafsack wachst du morgens wieder auf – und hast immer noch keine Wohnung.
Aber trotzdem, Kurt – das ist bei mir richtig wie so 'ne fixe Idee: Ich möcht' mal einen Schlafsack besitzen. Nicht, daß ich darauf angewiesen bin – nee, bloß so aus Hobby. Und hab' ich mir gesagt: Klar, denn muß ich mir also mal 'ne Wohnung besorgen, daß ich Anspruch hab'. Hab' ich mir 'ne Zeitung organisiert. Da stehen ja jede Menge Wohnungen drin – brauchst bloß zu mieten. Hier – guck mal: 1-Zi.-Whg., 29 qm, 1300 Mark kalt, 3000 Mark Courtage – mit Saunabenutzung... Also rein finanziell – kein Problem. Bloß – Saunabenutzung, das lehn' ich ja aus moralischen Gründen ab... Oder hier noch eine: 1-1/2-Zi.-Whg. nahe Stadtpark, 54 qm, 1900 Mark,-

»Mit einem Schlafsack würde das Übernachten im Freien behördlicherseits genehmigt . . .«

5000 Mark Abst., Vorstellungstermin: zwischen 14 und 18 Uhr. – Also die hätt' ich genommen. Nahe Stadtpark wär' ja ideal für mich. Aber Vorstellungstermin. Sonntag zwischen 14 und 18 Uhr bin ich doch immer verhindert. Da gibt das doch die Suppe in der Mission. Nicht, daß ich da auf angewiesen bin, aber wenn ich nicht komm', sind die ja beleidigt. Aber – man sieht, es ist gar keine Schwierigkeit, an einen Schlafsack zu kommen. Wohnungen gibt das ja wie Sand am Meer. Wenn man bloß nicht so wählerisch wäre. Man ist einfach zu verwöhnt, verstehst du. (Nimmt noch'n Bier.) Das ist nun aber wirklich das allerletzte. Wenn du vielleicht von diesen kleinen harten Dingern da noch eine hättest... (zeigt auf die Buletten) Oder man müßte aus der DDR sein – also frühere DDR. Hab' ich hier in der Zeitung gelesen: die haben Wohnungen, aber sind zu kalt. Wird jetzt Miete erhöht und Heizung abgestellt. So was wär' ja für die Behörde ideale Voraussetzung für Schlafsackanschaffung. Statt Heizkostenzuschuß: Schlafsäcke für alle frierenden DDR-Bürger. Und würde man die Würdelosigkeit nicht öffentlich sehen. Das steht hier nämlich auch noch in meinem Schreiben: *»... kann vom Staat nicht erwartet werden, daß er menschenunwürdiges Nächtigen im Schlafsack im Freien fördert, da auch Gefährdung der öffentlichen Ordnung ...«* Noch ein Bier? Chef, du weißt doch: Ich trink' nicht! Auf Herbert! Nun liegst du warm und trocken, Herbert. Nee, kannst dich nicht beschweren über die Behörde. Is' doch vollkommen logisch: Wenn du ohne

Schlafsack in der U-Bahn-Station liegst, kannst du meist noch was Menschenwürdiges erkennen – durch die Löcher in der Hose – oder aus'm Schuh guckt mal ein nackter Fuß raus –, also überall noch was Menschenwürdiges zu sehen. Bloß *mit* Schlafsack – da kannst du überhaupt nichts Menschenwürdiges erkennen: Siehst du gar nicht, wer da drin ist, einfach nur: ein Schlafsack. Könnte theoretisch jeder drinliegen. Sogar ein Beamter von Amtsgericht. Und so menschenunwürdig, Kurt, möchte nun wirklich keiner von uns dastehen: daß wir mit einem deutschen Beamten verwechselt werden. Das wär' ja – ein verpfuschtes Leben. Oha, Kurt, da kommen Herrschaften – ich muß 'ne Mücke machen. (Geht ab und läßt noch schnell das Schnapsglas mitgehen.)

*

Das Wohnungsproblem ist keineswegs für jeden Bürger bei uns ein Anlaß zur Sorge oder zum Klagen. Im Gegenteil, es gibt auch Leute, die beweisen können: Das Wohnungsproblem hat zum Beispiel dazu geführt, daß die Ehen wieder besser werden. Jawohl! Der Mann, der da bei Kurt am Tresen stand, sah nicht aus, wie man sich einen vierfachen Hausbesitzer vorstellt – also vielleicht mit Schmerbauch, pfeiferauchend, dicke Brieftasche unterm großkarierten Jackett und so weiter. Nein, er sah eigentlich ganz normal aus. Ein etwa 35jähriger, eher drahtiger Hausbesitzer...

Der Vermieter
oder Die Seniorenbetreuungsstätte

(Vertraulich): Ich kann Ihnen ja mal einen Tip geben, Herr Wirt. Wie? Na ja, ich denk', Sie sind ein Mensch ohne Vorurteile. Mit Ihnen kann man ja reden.
Also – Ihre Kneipe hier. Wann machen Sie abends dicht? 24 Uhr? Na, Mann, da könnten Sie doch hier die fünf Quadratmeter vor der Theke als Übernachtungsstätte für Durchreisende vermieten. Matratzen sind mitzubringen. Sie nehmen nur seriöse Leute mit festem Arbeitsverhältnis. Ja, da können Sie Wochenmieten von tausend Mark kassieren. Pro Person. Mal sechs, würde ich sagen. Nee, ich red' kein' Quatsch. Ich war auch mal so 'n kleiner Mann wie Sie. Ich kenn' das. Jetzt hab' ich mehrere Mietshäuser. Jetzt bin ich King hier in der Stadt. Ich würde an Ihrer Stelle den ganzen Laden hier zumachen. Würstchen und Frikadellen und Bier – das bringt doch nix. Da lassen Sie sich Regale anfertigen, da können die Leute in mehreren Etagen schlafen – schon haben Sie ein Bahnhofsappartementhaus gegründet. Da können Sie steinreich werden.
Ein Wasser trink' ich. Bin auf Diät. Es geht mir zu gut.
Wer heutzutage noch irgendwo einen alten Geräteschuppen hat – und ihn nicht als Luxusappartement

vermietet –, der wirft das Geld zum Fenster raus. (Faltet eine Zeitung auseinander): Sehen Sie mal hier die Anzeige: Ich hab' ja nun wirklich vom Dach bis zum Heizungskeller alles vermietet, was 'n Eingang hat. Da hab' ich immer überlegt, was mach' ich mit meinem Kriechkeller? Der liegt unter der Erdgeschoßtreppe neben der Mülleimerbox. Natürlich nicht besonders hoch. (Zeigt die Höhe.) Aber doch eine Schande, daß so was leerstehen soll. Acht Quadratmeter immerhin. Hab' ich mal inseriert. Selber formuliert, hier: »Einliegerwohnung, in Klammern 125« – Einliegerwohnung kann man ja so sagen: weil, ist ja völlig für sich abgeschlossen. 125 ist klar, das ist die Deckenhöhe. Und dann »mit direktem Verkehrsanschluß« – weil, das ist ja die B 404, wo mein Haus dransteht. Von den Lkws ist der gleichbleibende Geräuschpegel. Irgendwie ganz angenehm. Und dann hab' ich noch geschrieben: »Auch als Seniorenbetreuungsstätte geeignet« – wenn einer vielleicht 'ne alte Mutter hat, die sowieso nur noch liegen kann und kein Licht mehr braucht, weil: 'n Fenster kann man ja nicht auch noch verlangen. 750 Mark kalte Miete. Weil ich ehrlich bin, sag' ich das: kalte Miete – weil da sowieso keine Heizung ist. Wie? Will keiner haben? Sehen Sie, da können Sie was lernen: 120 Anrufe. Da waren Handwerker dabei, Ingenieure und alles. Vorstellungstermin in 14 Tagen. Weil ich jetzt meine Siebentagekur mach'. – Na, einen Apfelkorn vielleicht. Zum Abgewöhnen.
Ja, Ideen muß man natürlich haben. Aber die hätten

»Durch das segensreiche Wirken des Vermieters
werden auch die Ehen wieder besser . . .«

Sie ja auch. Sind doch auch Unternehmer. Ich sag' Ihnen: Wir Unternehmer haben heute eine noch größere Verantwortung für die Gesellschaft. Alle sagen, die Leute haben keine Kultur mehr, Zivilisation geht zurück und so. Das können *wir* aber verhindern:
Wer sich zum Beispiel bei mir um eine Wohnung bewirbt und ist nicht wirklich picobello angezogen, der hat keine Chance. Und das wissen die Leute! Was soll ich Ihnen sagen: Die kommen im Smoking, im Abendkleid bei mir zur Bewerbung! Da können Sie richtig beobachten, wie das Benehmen der Bevölkerung besser wird.
Junge Schnösel, die noch nie in ihrem Leben bitte gesagt haben – so was von nett und freundlich! Handkuß ist gar nix. Das macht doch Freude, wenn man das Gefühl hat: Man bringt wieder ein bißchen Kultur in die Gesellschaft!
Alle müssen natürlich den Fragebogen ausfüllen. Das heißt, müssen sie natürlich nicht. Ist freiwillig. Wollen Sie den Fragebogen ausfüllen? Müssen Sie nicht! Als 132ster Bewerber hat es sowieso nicht mehr viel Zweck. Aber alle sind ganz scharf darauf, ihn auszufüllen! Ganz normale Fragen: Hatten Sie Geschlechtskrankheiten? Aidstest ist sowieso vorzulegen. Begründen Sie, warum Sie Hunde und Katzen und Kinder hassen. Hahaha! Neulich hat ein Pärchen seinen kleinen Rauhhaardackel mitgebracht und vor meinen Augen mit 'ner Spritze eingeschläfert. Hahahaha! Ja! Die legen ein ärztliches Attest vor, daß sie

keine Musik hören dürfen! Schuhetragen in der Wohnung gilt als sofortiger Kündigungsgrund. Pärchen haben vor Einzug zu heiraten. Ich bin ein richtiger Hochzeitsstifter. Kein Mensch tut soviel zur Stabilisierung des Familienlebens wie der Vermieter! Die meisten Paare lassen sich auch gleich sterilisieren. So tun wir auch was gegen die Überbevölkerung der Erde! Na gut – auf einem Bein kann man nicht stehen! In sieben Minuten geht mein Zug!
Aber haben Sie verstanden, wie segensreich das Wirken des Vermieters für die Gesellschaft ist? Das ist ja auch die Absicht der Regierung. Wenn das Wohnungsproblem zu leicht gemacht wird, werden die Leute ja immer frecher und verwahrlosen völlig. Aber so: Wenn ich 'ne Wohnung vermieten will, liegt der erste Bewerber schon im Schlafsack vorm Treppenhaus, bevor die Anzeige überhaupt erschienen ist! Der harkt mir schon umsonst den Weg und räumt den Schnee weg – und ich kenn' den Menschen gar nicht. Frauen? Ja, was das angeht: Ich *will* schon gar nicht mehr. Ich hab' gar nicht die Kondition. Die stehen mitten in der Nacht im seidenen Negligé vor meiner Tür: »Ich möchte gern eine Flasche Champagner mit Ihnen trinken!« – »Tut mir leid, schöne Frau«, sag' ich, »ich hab' heute schon drei Bewerberinnen hinter mir. Ich bin doch nicht Casanova!«
Und trotzdem: Durch das Wirken des Vermieters werden auch die Ehen besser. Heute lassen sich doch die Frauen lieber wieder anständig verhauen von ihren Männern, als daß sie ausziehen und sich 'ne Woh-

nung suchen müssen. Also – die Moral wird besser. So, zwei Apfelkorn – ein Wasser.
Wenn ich in einer Woche wieder vorbeikomm', ist Ihr Imbiß hier eine Mietunterkunft. Und Sie sind 'n gemachter Mann, verstanden? Das Gold liegt in der kleinsten Hütte.
Bis bald, mein Lieber!

*

Und dann eines Tages – so im Frühjahr '91 – stand ein Bundeswehrsoldat bei Kurt am Tresen. Der Herr, der neben ihm stand, hatte spontan ein Bier für ihn ausgegeben. Da legte er los, der Bundeswehrsoldat…

Der Bundeswehrsoldat
oder Saufen für das Vaterland

Noch 'n Freibier? Danke, danke, jetzt ist aber genug. Irgendwie begreif' ich das immer noch nicht. Das ist ja wie im Traum. Überall Freibier. Wildfremde Menschen fallen mir um den Hals. Alte Damen streicheln mir die Wangen ... Zuerst hab' ich gedacht, die wollen mich veralbern. Aber jetzt ist mir der tiefere Grund natürlich klar: Wir sind unentbehrlich. Ich bin nämlich der wichtigste Wirtschaftsfaktor. Ich, ein Angehöriger der Deutschen Bundeswehr. Ohne mich geht der Geschäftsmann pleite, und der Arbeiter wird arbeitslos.

Hier – ich hab' mir paar Zeitungsausschnitte aufbewahrt: »Husum/Leck, April '91: FDP protestiert gegen Bundeswehr-Reduzierung: Hinter diesen Zahlen verbirgt sich der Tod des Kreises!« – So was muß ich erst mal verarbeiten. Überlegen Sie mal: Früher waren wir Soldaten die Vorboten des Todes. Mörder haben sie uns genannt. Und jetzt mit'n Mal kommt der Tod, wenn wir weggehen. Das ist doch ein Ding!

Oder hier: April '91 eine Anzeige. Aus Wyk auf Föhr, Nordfriesland: »Aufruf zur Demonstration für den Erhalt der Truppenstärke! Mit Fahrrad, Pkw und Traktor auf der B 5 Schrittempo fahren. Wir wollen unsere Soldaten behalten! Ein Drittel unserer Wirtschaftskraft ist gefährdet!« Das müssen Sie sich mal in 'n Kopf reinziehen: Jahrzehnte haben sie *gegen* uns demonstriert. Friedensfreunde und Pazifisten: Weg mit den Soldaten! Und jetzt? Demos für die Bundeswehr. Mann, o Mann, o Mann! Das Vaterland hat begriffen, daß es uns braucht! Ohne uns ist Deutschland verloren! (Teller mit Frikadellen wird hingestellt.) Und da müssen wir Soldaten natürlich jetzt tapfer sein – und konsumieren fürs Vaterland! Immer hau weg die Sachen! Mit Todesverachtung die Wirtschaft in Schwung halten. Jeder von uns ist verpflichtet, soviel zu futtern und zu schlucken, wie er nur irgendwie verputzen kann. Damit das Vaterland nicht pleite geht. (Zieht noch einen Zeitungsartikel aus der Tasche): Hier – der FDP-Abgeordnete Jürgen Becker: »Ich freu' mich über jede Waffe, die abgebaut wird – aber doch nicht zuallererst bei uns in Husum!« Ja, da kannst du mal sehen: So sehr haben sie den Frieden nun auch wieder nicht lieb, daß es ihnen dafür schlechter gehen dürfte. Wir Bundeswehrsoldaten haben nämlich schon immer das Vaterland verteidigt – vor dem wirtschaftlichen Ruin! Die Waffe, mit der wir den Feind niedergemacht haben – das war unser Konsum! »Die Bundeswehr ist eine Biersäufertruppe« – so was haben wir uns noch vor einem Jahr gefallen lassen müssen. Aber jetzt wird auch dem größten Bundeswehrgegner klar: Wir haben für Deutschland getrunken! Prost! Je mehr Bier die Bundeswehr wegschluckt, desto besser geht es dem Vaterland! Haben wir ja sozusagen auch

geschworen in unserem Fahneneid: daß wir unsere Leber einsetzen für unser Vaterland!
Nur daß das mal klargestellt wird: Der Soldat soll Frauen und Kinder beschützen. Wegen einer Kriegsgefahr. Was bedeutet das? Na? Das bedeutet: Wenn eine schöne Kriegsgefahr da ist, braucht man Soldaten; die Industrie kriegt Aufträge von der Bundeswehr, davon hat der Vater Arbeit und die Kinder zu essen. Also – von der Kriegsgefahr kommen Sicherheit und Wohlstand! Dagegen – ohne Kriegsgefahr in irgend so 'nem langweiligen Frieden: keine Aufträge von der Bundeswehr, keine Arbeit für den Papa, nichts zu fressen für die Kinder. Also vom Frieden kommen Not und Elend, und die Kinder müssen verhungern! Das muß doch jeder begreifen! Wie bitte? Ja, natürlich ist auch irgendwann mal Schluß mit den Aufträgen. Irgendwann hat die Bundeswehr im Frieden dann auch mal genug Panzer und Raketen und Schlachtschiffe. Aber wie kommt das denn nun wieder? Ganz einfach. Das kommt dadurch, daß die Panzer und Raketen und Schiffe im Frieden partout nicht verbraucht werden! Und da können Sie mal sehen: Das dumme Volk will immer Frieden und Frieden – aber Aufträge und Arbeitsplätze bringt der verfluchte Frieden nun eben grade nicht. Und was lernen wir daraus? Der Krieg bringt den Segen – und der Friede das Elend. Nach so 'nem richtigen Krieg, wo man wieder ganz von vorn anfangen kann, da gibt es keinen Mangel an Arbeitsplätzen. Und so viele Kinder sind denn auch nicht mehr da, daß es ewig

Probleme mit den Kindergärten gibt wie heutzutage im Frieden. Nur: Der Laie durchschaut ja diese komplizierten Zusammenhänge nicht.
Wie bitte? Warum nicht gleich statt Panzer Kindergärten? Altenheime? Bruchteil der Rüstungskosten? Mann, sind Sie so weltfremd? So 'n Kindergarten hält im Frieden Jahrzehnte. Aber ein Panzer im Einsatz kann in Sekunden in die Luft fliegen mitsamt dem Kindergarten. Also: Wovon wird die Wirtschaft angekurbelt? Ist das denn so schwer im Kopf zu begreifen? So – ich muß noch die süßen Mädels vom Hafen besuchen. Brauchen Sie gar nicht zu grinsen. Wir Restsoldaten müssen jetzt auf jedem Gebiet für die entlassenen Kameraden mit konsumieren. Ich mein' – man hat ja auch seine Leistungsgrenze, aber ich tu' alles, was ich kann, für mein Vaterland. Und wenn mir schlecht davon wird.

*

Ja, alles war in Bewegung. Die große Begeisterung über die deutsche Einheit war schon vorbei. Jedenfalls bei unseren Brüdern und Schwestern in den neuen Bundesländern. – Aber warum nur? Warum wurden sie mit einemmal so undankbar? Sie hatten doch jetzt die Freiheit – und wir hatten denselben Kanzler, also zumindest dieselbe Bürde zu tragen. – Karl-Heinz, der Wessi, konnte jedenfalls überhaupt nicht begreifen, was die Ossis gegen uns hatten...

Karl-Heinz, der Wessi II
oder Die Rostlaube

Junge, Junge, Kurt. Ich brauch' erst mal 'n Helles. Mein Vetter Alfons war wieder da. Er ist und bleibt ein DDR-Fuzzi. Das wird einfach kein normales Verhältnis mit ihm. Er hat die fixe Idee: Wir sind alles Ausbeuter und wollen die Ossis egal weg bescheißen. Immer wieder fängt er mit den alten Sachen an!
Zum Beispiel die Rostlaube, die ich ihm verkauft hab'. Jammert mir vor, die fährt nicht mehr. Und da sieht man es wieder: früher die SED und nun der Kanzler und die eigenen Verwandten – von allen werden wir reingelegt.
Wie? Ja, ich hatte ihm damals meinen alten Polo verkauft. Er war ja wie wild auf das Auto. War ja auch noch in Schuß. Na ja, die Reifen waren bißchen durch. Kannst ja auch nix verlangen bei 190 000 Kilometer. Aber für ihn war das doch damals 'ne Luxuskarosse. Er hat sich gefreut wie ein Kind. Hat die 8000 Mark gleich auf 'n Tisch geblättert. Verwandtschaftssonderpreis. Und nu – jammert er mir vor: Ausbeutung. Er will sein Geld wiederhaben!
Ich sag', Alfons, ich hab' dir diesen Wagen zu dem Spottpreis überlassen, obwohl das ein wertvolles Familienerinnerungsstück war. Da hat Elfie doch ihren ersten Unfall drin gebaut. Wie wir sie damals

»Ihr Ossis seid doch rein organisch noch auf einer niedrigeren Entwicklungsstufe . . .«

rausgeschweißt haben. Und ich hab' mein' Bandscheibenschaden mir doch auch in diesem Wagen weggeholt! Wie mir damals der Bus hintendrauf gedonnert ist. Ich sag', Alfons, dieser Wagen ist nämlich ein Symbol für 'n grausamen Überlebenskampf im Freien Westen. Und das ist das doch genau, was ihr lernen müßt: Hast du also außerdem noch eine Lektion in freie Marktwirtschaft weg!
O Mann, ich brauch' unbedingt noch 'n Korn!
Aber er immer mit seiner fixen Idee: »Nix wie falsche Versprechungen. Sogar das Porto ist erhöht! Und dafür schenkt uns jetzt Schwarz-Schilling zehn Mark in Briefmarken als Ausgleich. Die kann er sich sonstwo hinkleben!« – Tja, also wenn man ihnen Gutes tun will, ist das auch wieder nicht richtig!
Ich sag': Warum klappt das denn nicht mit eurer Wirtschaft? Weil ihr Ossis alle abgeschlafft seid, und warum seid ihr abgeschlafft? Weil ihr nichts anderes im Kopf habt wie Pornos! Das einzige, was bei euch klappt, ist der Pornohandel und Videos. Da kann sich doch jeder an fünf Fingern abzählen, warum ihr abgeschlafft seid.
Der Roland Sauer von der CDU, Abgeordneter, hat deshalb gefordert: Pornoverbot für die Ex-DDR. Ihr seid noch nicht reif für so was. Erst mal arbeiten, mein Lieber, dann kriegt ihr auch die sittliche Reife wie wir, daß ihr euch mal ein Magazin angucken könnt!
Aber – er – er hört mir gar nicht zu. Fängt immer mit seiner fixen Idee an: Kohl und Waigel und überhaupt alle Wessis sind jetzt alles Lügner und Betrüger.

Ich sag': o Gott, o Gott! Ihr seid ja auch so was von naiv. Einfach zu glauben, was die Parteien vor der Wahl versprechen – o Mann, o Mann! –, da kommen einem ja die Tränen!
Und dann jammert er mir immer vor: Er mit seinem Asthma – er hat ja Asthma! Und was das für eine Sauerei ist: Er muß immer noch extra in den Westen fahren und sich die Pillen holen. Weil, im Osten die Apotheken, die werden ja nicht rechtzeitig beliefert. Wer arm ist, kann ja eher sterben, und so weiter.
Ich sage: Wieso glaubt ihr Ossis jetzt eigentlich, daß ihr uns einfach so die Tabletten wegfressen könnt? Ich denk', ihr wart immer so gesund in euren vierzig Jahren Sozialismus? Ja, ja – in Wirklichkeit habt ihr natürlich Briketts gehustet, das ist mir klar! Aber vielleicht ist das ja gar nicht so gut für euch, sag' ich, wenn ihr jetzt schon so ohne weiteres unsere modernen Arzneimittel schluckt! Euer Körper ist doch noch nicht so weit! Ihr seid doch rein organisch noch auf einer niedrigeren Entwicklungsstufe!
Aber nee, sagt er, sie hassen uns Wessis jetzt richtig. Ob ich zum Beispiel wüßte, daß Hoechst und andere große Pharma-Hersteller aus'm Westen – daß die jahrelang schon vor der Wende ihre Medikamente an DDR-Bürgern ausprobiert haben. Die SED hat dafür Geld genommen. Aber die Patienten haben nix gewußt und haben gelitten und sind gestorben – als Versuchskaninchen.
Ich sag': Alfons, reg dich doch nicht auf. Dadurch

habt ihr denn ja sogar einen Anteil an der westlichen medizinischen Wissenschaft!

»Sind wir denn keine Menschen?« weint er mir vor.

Klar, sag' ich, grade *weil* ihr Menschen seid, hat Hoechst euch doch genommen zu den Versuchen. Weil, so ein Medikament kannst ja an noch so vielen Ratten ausprobieren – das ist immer noch nicht vergleichbar mit einem DDR-Bürger. Ihr könnt ja jetzt verlangen, sag' ich, daß Hoechst und die andern, daß die jetzt auf die Beipackzettel immer draufschreiben: »Auf Nebenwirkungen getestet an Ex-DDR-Bürgern!« – Da wollte er mir eine runterhauen.

Nee, sag' ich dir, Kurt! Wenn die nicht endlich aufhören mit ihrer fixen Idee! Hat ja auch der Kanzler in Erfurt gesagt. Das ist alles mehr psychologisch. Das geht denen gar nicht schlecht! Sie haben bloß noch nicht begriffen, daß es ihnen gutgeht.

Also – bis die Tage!

*

Mir persönlich machen immer noch die wirklich verrückten Zeitgenossen am meisten Spaß. In der Zeit, als die Philosophiestudenten in den neuen Bundesländern etwas ratlos waren – weil nun plötzlich am Marxismus gezweifelt werden durfte –, tauchte bei Kurt ein Student auf – ich weiß bis heute noch nicht, ob er wirklich einer war. Seine völlig neue Marxismus-Sicht war jedenfalls, so denke ich, in sich völlig logisch...

Der Doktorand
oder Der Beamte, das höhere Wesen

Entschuldigen Sie, daß ich mich da einmische, Herr Wirt. Aber Ihr Gespräch eben mit dem Herrn, der gerade gegangen ist. Über die Beamten. Ich höre das alles mehr mit wissenschaftlichem Interesse. Zur Zeit hört man ja überall diese Beamtenschelte. Daß die Beamten zu viele Privilegien haben und die Last der deutschen Einheit nicht mittragen wollen und so weiter. Wie bitte? Nein, ich bin kein Beamter. Ich bin Doktorand. Der Philosophie. Ich stehe kurz vor der Vollendung meiner Doktorarbeit. Und ich darf sagen: Sie wird einiges Aufsehen erregen. Professor Habermilch nennt sie jetzt schon »die philosophische Bombe zum Ende des 20. Jahrhunderts«! – Der Inhalt? Das ist natürlich nicht einfach in zwei Sätzen zu sagen – aber das Wesentliche ist: Ich weise nach, daß die Idee des Sozialismus gar nicht gescheitert ist. Im Gegenteil: Gerade in unseren Tagen hat sie ihre konkret nachweisbare Realisation gefunden. Nur daß Marx und Engels und die anderen Vordenker für die Vollendung der gesellschaftlichen Frage zwei Kategorien verwechselt haben: den Arbeiter und den Beamten. Das Arbeiterparadies als solches hat sich nicht bestätigt – einsam an der Spitze der gesellschaftlich antifeudalistischen Bewegung steht jedoch in geradezu unantastbarer Herrlichkeit: der Beamte – insonderheit der bundesdeutsche. Mein Fazit interrego cognitum ludens: Den Zustand der risikolosen Existenz des Individuums in der Gesellschaft in leistungsunabhängiger mußebetonter Zufriedenheit – hat der Homo sapiens in der auserwählten Spezies des Beamten tatsächlich und unumkehrbar erreicht!«

Wie bitte? Sie lachen? Sie finden das witzig? Aber nein, Herr Wirt, das ist nicht als Hohn oder Spott zu verstehen.

Ich beweise Ihnen meine These an konkreten Ereignissen der Gegenwart. Hier – Seite 284, Fundstelle 14 g meines Manuskripts ...

»*... fordert der deutsche Beamtenbund einen sog. Immobilienausgleich für alle Regierungsbeamten, die von Bonn nach Berlin umziehen müssen. Die Verluste der Beamten, die sie bei Verkauf z. B. einer Eigentumswohnung erleiden würden, müssen vom Staat ausgeglichen werden ...*« Was? Sauerei? Zum Wahnsinnig ...? Aber nun merken Sie doch bitte auf: Ich zitiere Karl Marx in der »Deutschen Ideologie«, Ausgabe Ulrich Heidt von 1923, Quellenangabe 151 a–h: »*... die empirische Fixierung des Proletariers an seinen mietabhängigen Standort ... machen ihn außer von den Produktionsmitteln auch von seinen ortsgebundenen Wohnbedingungen abhängig und sind dadurch ...*«

Verstehen Sie: Es ist also eine alte marxistische Forderung, dieser sogenannte Immobilienausgleich –

und nichts anderes, als was der Sozialismus schon immer gefordert hat, so daß ...«

Was bitte? Erst mal was leisten? Die Beamten? Versuchen Sie doch einmal, Herr Wirt, sich von dieser hergebrachten Vorstellung zu lösen!

Fundstelle 337 g: Erich Pecklaff, ein Engels-Schüler in seiner Schrift »Die Utopie muß Wirklichkeit werden«: *»Die Leistungsabhängigkeit des arbeitenden Menschen erniedrigt ihn zum Produktionsfaktor.«* – Das ist die eine Stelle! Die andere – und nun merken Sie auf: Quelle: das bundesdeutsche Beamtengesetz, Artikel 3 Absatz 7 fff: *»... der Beamte ist unabhängig von seiner Leistung allein nach seinem Anspruch auf Besoldung zu entlohnen, die sich nur nach seinem Rang, seinem Amt und das heißt im Endeffekt nach der Länge seiner Dienstjahre errechnet.«* – Leistungs*un*abhängig!! Das heißt: ohne Konkurrenzdruck, ohne den menschenentwürdigenden Arbeitsleistungsnachweis, sondern in der inneren seelischen Ausgeglichenheit, die sich auch in dem zufriedenen Gesichtsausdruck von Beamten widerspiegelt, die auf ihrem Arbeitsplatz den Schlaf der Gerechten im wiedergewonnenen Paradiese schlafen. Wie bitte? Wie drücken Sie sich aus, Herr Wirt? Wenn sie nicht dauernd krank spielen – und angeln gehen würden? Ja – da gibt es natürlich noch eine Lücke. Ich meine: daß Beamte *heute* noch gezwungen sind, sich krank zu melden, wenn sie ihren Rasen mähen wollen, das ist unmöglich. Marx sagt, hier – ich habe die Fundstelle: *»So werden sie dann fischen*

»Karl Marx hat einfach zwei Kategorien verwechselt: den Arbeiter und den Beamten . . .«

gehen oder jagen und andere wiederum sich des Ackerbaus befleißigen – aus der Freude und dem inneren Bedürfnis heraus und nicht, um sich von den Strapazen der Arbeit zu erholen...« Also: Karl Marx!

Sie dürfen da nicht mißgünstig sein, Herr Wirt! Welch eine Freude ist es, daß es nun endlich am Ende der großen blutigen Gesellschaftsumstürze dieses herrliche Ergebnis gibt – diese strahlende Figur der gesellschaftlichen Vollkommenheit und der unerschütterlichen Zufriedenheit: Den Beamten! Den deutschen Beamten, das höhere Wesen!

Wie bitte? Was? Sie meinen: Aber wir Steuerzahler müssen die Beamten, diese höheren Wesen, bezahlen? Ja, selbstverständlich müssen wir das! Tun Sie das etwa nicht gern? Da muß ich mich wundern. Wer sind Sie denn? Entschuldigen Sie, ein armseliger Kneipenwirt, der in seiner gesellschaftlichen Entwicklung zurückgeblieben ist – und nun mal eben zum Unterbau gehört. Wie? Ich werde doch nicht frech. Das gehört zu meiner Gesamthypothese dazu. Der Marxismus ist ebenfalls von dem Bild des »Baumes der Gesellschaft« ausgegangen, der sich allmählich durch alle Stadien zur vollen Entfaltung seiner Krone und schließlich seiner Blüten und Früchte entwickelt. In diesem Bild sind Sie, Herr Wirt – und zur Zeit natürlich auch noch ich –, nur Stamm oder Ast oder Zweig – tragende Glieder. Aber dürfen wir nicht fröhlich sein, daß wir als kleine Zellen dem großen Gebäude der herrlichen Idee dienen dürfen!?

Was wäre denn Ihr Leben hier mit Bierverkauf und Würstchen, wenn Sie sich nicht ständig sagen dürften, daß Sie dies alles tun, damit unsere geliebten Beamten jetzt – wie Schäuble es grade beschlossen hat – zwanzig Prozent mehr Kindergeld kriegen – aber die Normalbürger nicht. Das ist doch schön! Dadurch hat doch auch Ihr häßliches Leben einen Sinn bekommen. Wir alle dürfen dem Gesellschaftsideal des Beamten dienen und... Wie bitte? Was ist... Wieso das Lokal verlassen? Ich wollte doch ein Bier... (bekommt ein Bier ins Gesicht geschüttet). Es lebe das Beamtentum! Die Vollendung der menschlichen Gesellschaft!

*

Hin und wieder verirrt sich auch einmal ein Abgeordneter in Kurts Bahnhofskneipe. Schon viele Monate bevor es in Bonn endlich zur Abstimmung über den § 218 kam, entbrannte der Streit zwischen den Parteien, der Kirche und den diversen Initiativen für das ungeborene Leben. Die CDU sah sich gezwungen, auch etwas für die soziale Seite des Problems zu tun. Sie wollte endlich den Vorwurf entkräften, daß ihr das geborene Leben leider nicht so heilig ist wie das ungeborene. Da kam aus der CDU der »Geburtsprämien-Vorschlag«. 1000 Mark Prämie für jede Frau, die ein Kind zur Welt bringt. Bei Kurt in der Kneipe rühmte sich ein Abgeordneter, diese großartige Lösung des sozialen Problems sei von ihm...

Der Abgeordnete
oder Die Geburtenlotterie

Ja, ich fahre schon wieder nach Bonn. In fünfzehn Minuten. Der Herr Staatssekretär will mich sogar persönlich sprechen. Kein Wunder. Ich darf von mir sagen: Ich habe den entscheidenden Vorschlag gemacht – zur Lösung der Abtreibungsfrage: Tausend Mark Prämie für jede Frau, die ein Kind zur Welt bringt. Haben Sie doch sicher gelesen in der Zeitung. Das ist ja so gut wie durch. Es war mein Vorschlag. Ich bin zwar nach wie vor der Meinung: Hundert Mark hätten es auch getan. Einhundert Mark Prämie genügen vollkommen, um die Frauen austragungswillig zu machen. Vertrauen Sie mir: Ich bin ja selbst verheiratet. Frauen haben ein vollkommen irrationales Verhältnis zum Geld.
Aber gut: Der Herr Staatssekretär hat eben gemeint, tausend Mark, das klingt einfach besser. Obwohl Herr Minister Waigel noch versucht hat, ihn auf 998 Mark zu drücken.
Die CDU-Kommission hat nächtelang gerungen: Paragraph 218 und kein Ausweg. Her soll er nicht, und weg soll er auch nicht, der 218! Kinderkriegen soll wieder Spaß machen. Aber Geld kosten darf es auch nicht. Da hingen ja alle Ministerien drin. Alle mußten sie Vorschläge machen. Am meisten Aussich-

ten hatte noch der Vorschlag von Kollege Unterbichler: Wiedereinführung des Mutterkreuzes unter anderer Bezeichnung. Ein Porzellan-Medaillon mit Porträt des Kanzlers als Ohrring oder Fingerring zu tragen. Aber alle diese Vorschläge waren zu durchsichtig. Frauen sind zwar naiv – aber sooo blöd sind sie denn wahrscheinlich doch nicht, daß sie für ein Medaillon bereit sind, das Kind zu kriegen. Dagegen: für tausend Mark – das ist etwas ganz anderes.
Meiner Ausarbeitung habe ich ganz einfach die Erfahrungen mit meiner eigenen Gattin zugrunde gelegt.
Frauen wollen nur das Gefühl haben, ein Schnäppchen zu machen. Darum fallen sie ja auch immer auf Sonderangebote im Kaufhaus rein.
Und wie hatten sie sich alle rumgequält! Wo ist der Weg, der die Frauen endlich wieder zum Kinderkriegen bereit macht? Der Herr Bischof Friedrich Wetter aus München hat die ganze Tragik des Problems zum Ausdruck gebracht: »Abtreibung ist wie Mord an der Mauer. Der Schießbefehl für den Mutterleib!«
Der Bauch der Schwangeren ist sozusagen die Ex-DDR, meint er, und der Arzt, der die Abtreibung vornimmt, ein Grenzsoldat, der den republikflüchtigen Fötus, welcher das Licht des Westens erblicken will und über den Stacheldraht der Geburtswehen ins Freie drängt, erschießt oder ersticht.
Aber, Herr Erzbischof Wetter, sage ich, beruhigen Sie sich: Die Sache ist ausgestanden. Das Problem ist vom Tisch. Jede Frau kriegt tausend Mark, und sie ist

»Die Frau hat ein irrationales
Verhältnis zum Geld . . . Hauptsache, sie kann
ein Schnäppchen machen!«

selbstverständlich bereit, ihr Kind zu kriegen. Tausend Mark zum Haushaltsgeld dazu. Welche Frau wird da nicht weich? Da kann sie, ohne ihren Mann zu fragen, sich eine ganze Kiste Eierlikör dafür kaufen.

Wie bitte? Nein, ich würde niemals sagen, daß Frauen blöd genug sind, auf unsere tausend Mark hereinzufallen. Es ist ja eher liebenswert, daß sie so ein irrationales Verhältnis zum Geld haben. Ein Mann rechnet natürlich aus: Tausend Mark, wie weit komme ich denn damit? Aber eine Frau sieht eben nur: Da sind tausend Mark, die mir gehören, als Taschengeld, als Anerkennung – und da soll ich mich noch weigern, ein Kind zu kriegen?

Es steht ja nun einmal fest, daß Frauen in jedem Falle eine Entscheidungshilfe brauchen. Das ist einfach frauentypisch. Die jetzt so wichtige psychosoziale Entscheidung ist viel zu schwer für die Frau! Darum müßte ein Arzt her, der ihr erklären kann, ob sie sich in einer Notsituation befindet oder nicht.

Und ich meine: Frauen, die da nun immer noch aus der Reihe tanzen und nicht gebären wollen – also, da muß dann wirklich kurzer Prozeß gemacht werden. Einsperren wie alle anderen Verbrecherinnen auch! Mehr kann man ja nun wirklich nicht tun.

So, ich muß jetzt los. Wie bitte? Welche weiteren Vorschläge ich habe? – Aber top-secret! Die Geburtenlotterie! Jede Frau, die ein Kind bekommt, nimmt damit an einer Lotterie teil: Sie hat die Chance, für das erste Kind zehntausend Mark zu gewinnen.

Zweitgebärende können fünfzigtausend Mark gewinnen, Drittgebärende hunderttausend Mark! Das weiß ich auch von meiner Martha: Alles läßt sie stehn und liegen, wenn es um den Lottoschein geht. Einmal sechs Richtige, ach, wär' das schön! Und nun die Gelegenheit: Ich brauche nur ein Kind zu kriegen und kann reich werden! – Krieg dein Kind als Hauptgewinn! Ist das nicht ein schöner Slogan? Ja, Einfälle muß man haben. Die Regierung ist ja so dankbar dafür. Ich muß los!

*

Frauen kommen merkwürdigerweise nur selten zu Kurt in die Bahnhofskneipe – wenn, dann nur in Begleitung. Aber dafür ist das Thema Frau bei den Männern das Hauptthema. Eines Tages stand ein – nein, schwankte ein Mann an Kurts Tresen, der tadellos gekleidet war – Typ Hauptabteilungsleiter bei IBM. Aber er war so traurig in seinem Herzen. Und ziemlich blau war er auch schon...

Der Ehemann
oder Frauen sind Raubtiere

(Der Mann am Tresen betrinkt sich im Laufe seines Monologisierens immer mehr): Ich betrinke mich nie – schon gar nicht wegen meiner Frau. Aber heute hier – in Ihrer Bahnhofskneipe – trinke ich, soviel ich will! Jawohl! Das ist ja ganz normal heute, daß dir deine Frau eines Abends eröffnet: »Morgen fahr' ich mit meiner Freundin nach Portugal. Du hast doch nichts dagegen, oder?« – Tse. »Ich brauch' auch mal meine Freiheit«, sagt sie eben noch am Zugfenster. »Ferien von der Ehe. Das verstehst du doch, Liebling?« – »Klar versteh' ich das, Schatz. Ich versteh' alles. Was die Frau von heute braucht, das braucht sie eben!«

Danke. Noch einen.

Das hat man davon, daß man kein Chauvi sein will. Wir sind ja alle bekloppt, sag' ich dir, wir Männer. Wir merken das gar nicht, wie die Frauen uns allmählich versklaven. Sechstausend Jahre haben sie gekuscht und getan, was ihre Ehemänner verlangten. Und auf einmal werden sie frech. Und wir stehen daneben und geben ihnen noch recht. Ich hätte sie in 'n Keller einsperren sollen und an der Heizung anketten. Aber nein: Ich (hick), ich Idiot, ich tu' noch so, als wenn es das Normalste von der Welt ist, daß meine Frau allein

in Urlaub fährt. An die Algarve. Da lachen die sich einen an und bumsen da vierzehn Tage rum. Das weiß ich doch genau.
Danke. (trinkt)
Nee, so weit hätten wir das nicht kommen lassen dürfen. Quotenregelung, Gleichberechtigung – alles deka-dekadent, pervers ist das. Früher waren Frauen gar nicht als Menschen anerkannt – und jetzt . . .? Ja, aber sicher! Erst im elften Jahrhundert oder so hat irgend so 'n Papst Innozenzdingsda bekanntgegeben, daß Frauen keine Tiere sind. Ja – und das war eben der Irrtum! – Wieso vorsichtig? Das ist wahr! (nimmt den nächsten Schnaps) Nicht, daß ich mich vollaufen lassen will – aber darauf trink' ich auch noch einen!
Ich bin gar nicht für die Kirche. Aber die sind die einzigen, die das immer richtig begriffen haben. Klar haben Frauen was Animalisches. Tiere haben ja auch viel schönere Bewegungen. Frauen sind Raubtiere – das ist doch sogar 'n Kompliment. Man kann sie bewundern oder vor ihnen zittern. Aber man muß sie einsperren . . . und nicht etwa allein in Urlaub reisen lassen – wie ich blöder Hund!
Wie gesagt, ich lass' mich dafür nicht vollaufen – aber nüchtern ertrag' ich diese Demü-Demütigung nicht.
»Ich kann schon alleine auf mich aufpassen«, sagt sie. »Oder vertraust du mir etwa nicht?« fragt sie.
Dabei muß ich ihr sonst jede Entscheidung abnehmen. Wenn sie ein Auto kaufen würde – allein –,

»Früher waren Frauen gar nicht als Menschen anerkannt!«

dann würde sie immer eins in Lila nehmen. Alles andere wär' ihr egal. Hauptsache, lila.
Wenn ich sage: Laß uns ins Kino gehen, sagt sie: Ich hab' keine Lust. Wenn es dann zu spät ist, sagt sie: Warum sind wir nicht ins Kino gegangen? Weil du keine Lust hattest, sage ich. Dann sagt sie: Ich hatte aber doch Lust. Du mußt doch wissen, was ich wirklich meine, wenn ich etwas sage.
Mein Glas ist übrigens leer!
Frauen wissen ja auch nicht selber, ob sie zum Beispiel ein Kind kriegen wollen sollen oder nicht wollen dürfen. Die können ja auch gar nicht selber beurteilen, ob es ihnen schlechtgeht oder ob es ihnen gutgeht. Nee – das sag' nicht *ich*. Das sagt die *Frauenministerin* – Brönsch oder Bönsch oder wie die heißt, das weiß ja kein Mönsch. Paragraph 218! In dem Punkt hat sie doch recht: Wenn es um richtige Verantwortung geht, kannst du eine Frau nicht allein entscheiden lassen. Das handelt sich gar nicht um Abtreibung oder nicht – das geht einfach darum, daß Frauen unzurechnungsfähig sind, wenn es um wirklich Wichtiges geht. Wie soll denn so ein Zwitterwesen aus Mensch und Tiger wissen, ob es in einer Notlage ist oder nicht? Frauen wissen ja noch nicht mal, ob sie zufrieden sind, wenn sie zufrieden sind. Weil sie nämlich nur zufrieden sind, wenn sie unzufrieden sind, aber wenn sie unzufrieden sind, sind sie trotzdem nicht zufrieden ... Wenn ein Mann ein Kind kriegen würde, wäre das ganz etwas anderes. Wie? Wieso wär' er dann eine Frau? Wenn ein Mann eine

Frau wäre, meine ich – und ein Kind kriegt und es nicht haben will, dann könnte *er* es auch allein entscheiden! – Wieso denn? Wieso ist er dann eine Frau? Nicht, wer das Kind kriegt, ist die Frau – sondern wer darüber entscheidet, ob das Kind gekriegt werden soll oder nicht, das ist die Frau – und das ist der Mann. Insofern ist sowieso der Mann die Frau, und die Frau ist ... Die Frau ist verreist ...
(Er fällt hinter den Tresen.)

*

Für die Spezies »Vertreter« ist Kurts Bahnhofskneipe der ideale Aufenthalt. Vertreter machen immer nur »Zwischenstation«. Viele Leute glauben, Vertreter seien große Schlitzohren, die den Leuten alles mögliche erzählen, was sie selber gar nicht glauben. Nein, es ist viel schlimmer! Es ist wie mit manchen Politikern: die glauben das auch noch selber, was sie da erzählen.
Der Lebensversicherungsvertreter, den ich bei Kurt erleben durfte, war wirklich davon überzeugt, daß er den Menschen aus den neuen Bundesländern einen neuen Lebenssinn gegeben hat ...

Der Versicherungsvertreter
oder Wieviel ist dein Leben wert?

Hier, ein Versicherungsvertrag – eben hier auf'm Bahnhof abgeschlossen. Mann – das war ein Ding... Wir Versicherungsvertreter, Kurt, sind die Propheten von heute. Glaub mir. Das macht sich nur keiner bewußt. Kurt, wo findet der Mensch in dieser Welt denn überhaupt noch einen Halt? Jeder Mensch hat eine Angst in sich – die Existenzangst. Wir leben im Dschungel, auf einem brodelnden Vulkan, jeden Augenblick kann das Schicksal zuschlagen – davor ist niemand auch nur eine Sekunde sicher. Verstehst du: Von dieser Angst der Kreatur haben früher die Religionen gelebt. Sie haben die Angst des Menschen vor dem Tod ausgenutzt und ihm die ewige Sicherheit versprochen. Danach hat der Mensch gegriffen wie der Ertrinkende nach dem Strohhalm. Aber der Mensch von heute ist mißtrauisch geworden gegenüber den religiösen Versicherungsgesellschaften. Der Mensch von heute hat entdeckt: Die Religionen können sozusagen keine einzige Schadensregulierung vorweisen! Hier auf Erden soll der Mensch darauf vertrauen, daß die Ausschüttung im Jenseits passiert. Und wenn das Ganze nun ein Schwindel war? Nein, der Mensch des zwanzigsten Jahrhunderts hat keinen inneren Halt mehr – außer wenn er versi-

chert ist. Ich sage dir, Kurt, der Wert einer Lebensversicherung zum Beispiel ist ja gar nicht die Versicherungssumme, sondern die Tatsache, daß das Leben des Versicherten eine neue Qualität erhalten hat – verstehst du? Du lebst nicht mehr wie ein Hund oder eine Katze irgendein völlig beliebiges Leben, sondern: Dein Leben ist versichert – das ist, als wenn du getauft worden bist. Du bekommst ein anderes Lebensgefühl. Die Religion hat die Angst vor dem Tod ja noch geschürt. Dagegen – wenn dein Leben versichert ist, brauchst du dich auch nicht mehr vor dem Tod zu fürchten. Das ist rein psychologisch so. Du kannst es den Leuten an den Augen ansehen: Wer keine Lebensversicherung hat, hat dieses Flackern der Angst im Blick. Aber ein Versicherter hat den Tod sozusagen abqualifiziert. Aus eigener Kraft.
Die Kirche redet von der Allmacht Gottes. Und dann läßt dieser Gott eine Katastrophe nach der andern hereinbrechen – ohne die geringste Absicherung der Geschöpfe. Was ist das also für eine Allmacht? Aber die Allmacht der Versicherung, Kurt, die ist Wirklichkeit: Je mehr Schadensfälle es gibt – und je höher die Schadenssummen, Kurt, desto höher werden auch die Beiträge, Kurt, und dadurch kann also nie etwas passieren! Das ist die Allmacht der Versicherung.
Genau das ist ja der Grund, Kurt, warum die Ostdeutschen so dringend alle möglichen Versicherungen brauchen. Alle schlagen sie jetzt auf uns Versicherungsvertreter ein: »Die Ossis werden von den Versicherungen übers Ohr gehauen, jedem drehen sie eine

Versicherung an – ob er sie brauchen kann oder nicht.« Aber keiner begreift, daß wir die einzigen sind, die diesen Leuten wieder eine Perspektive geben – einen Glauben, Kurt, der sie von ihrer Hoffnungslosigkeit erlöst. Stell dir das doch mal vor, Kurt! Diese armen Menschen sind um den Inhalt ihres Menschseins betrogen. Sie hatten einmal ihren Sozialismus, eine höhere Idee von Gerechtigkeit und Sicherheit! Ja, Sicherheit, Kurt. Und jetzt – stehen sie da, frierend im Regen, der Boden wankt ihnen unter den Füßen. Was ist denn mein Leben noch wert? fragen sie sich. Und dann komme ich und sage ihnen: Ihr Leben ist – ich würd' mal sagen – zweihundertfünfzigtausend wert. Hier ist die Police. Unterschreiben Sie mal. Natürlich ist mir klar, Kurt, daß das eine harte Sache wird für den Versicherten. Die Prämien soll er erst mal aufbringen, wenn er vielleicht nur noch Arbeitslosengeld bezieht. Da gehen manchmal neunzig Prozent des Einkommens bei drauf. Aber der Mensch hat wieder einen Lebensinhalt. Er weiß doch ganz genau: Das ist mein Leben, das ich abgesichert habe. Ich warte nicht mehr auf das Arbeiterparadies, ich warte auch nicht auf das Jenseits – sondern mein Leben ist zweihundertfünfzigtausend wert, ich habe mein Leben gesichert. Und mit meiner Police kann ich jetzt sogar zur Bank gehen: Bitte hier, das ist meine Sicherheit. Ich habe Anspruch auf einen größeren Kredit. Damit kann ich jetzt eine Existenz aufbauen. Was meinst du? Ja, natürlich muß er den Kredit dann auch noch abzahlen. Wie? Klar, ist das vielleicht nicht möglich. Aber, mein Gott, so ein Ossi hätte ohne eine Lebensversicherung nicht mal die Möglichkeit gehabt, sich zu ruinieren.

Und noch eins, Kurt: Die Kirche nimmt den Gläubigen ihre eigene freie Entscheidung. Die Versicherung aber nicht. Wenn du eine Gepäckversicherung hast, brauchst du sie nicht unbedingt zu nutzen. Wenn du, nur mal als Beispiel, dein Gepäck nicht angekettet trägst, sondern frei direkt neben dich auf den Bahnsteig stellst, und es wird dir dann gestohlen – dann hast du keinen Anspruch auf Schadensersatz – durch deine eigene freie Entscheidung. Das heißt: Die Versicherung entmündigt ihre Mitglieder nicht – wie die Kirche oder irgendeine Sekte.

Ja, wenn du das alles weißt – dann begreifst du auch unseren Präsidenten vom Gesamtverband der deutschen Versicherungswirtschaft. »Wir gehen vor Gericht«, sagt er, »und verklagen das Bundesaufsichtsamt.«

Denn weißt du, was die vorhaben, Kurt? Die wollen tatsächlich eine Liste rausbringen – mit allen Beschwerden von versicherten Ossis und wo sie sich übers Ohr gehauen fühlen. Und wollen die Namen der Versicherung und der Vertreter nennen. Was sagst du dazu? Wie? Das ist unmenschlich, Kurt. Das bedeutet – sie wollen den ostdeutschen Menschen ihre Sicherheit wieder nehmen. Die bringen sich doch alle um, Kurt – wenn sie auch noch das Vertrauen in die Versicherung verlieren sollen. Aber

»Durch eine Lebensversicherung tritt der Mensch in ein höheres Stadium der Existenz ein!«

unser Präsident läßt das nicht zu. Er hat dem Chef vom Aufsichtsamt gleich gedroht: Damit würden Sie ja nur die Verbraucherschützer und alle anderen Miesmacher stärken. Damit würden die Ossis ja zu Tausenden ermuntert, ihre Policen wieder zu kündigen. Jawohl. Und wieder würden diese armen Menschen ohne Glauben, ohne Sicherheit dastehen. Kurt, ich sage dir: Lieber eine zehnmal zu teure Lebensversicherung als ein unversichertes Leben! Nicht die Summe ist das Entscheidende und nicht die Prämie, sondern die Tatsache – daß auch ein Ossi-Leben wieder etwas wert sein kann.

Und noch eins, Kurt: Die Versicherung erhebt nicht den Anspruch, daß sie unfehlbar ist wie der Papst. Neulich hat sogar mal einer in einer Einbruchssache einen Prozeß gegen die Versicherung gewonnen. Er war Zigarren holen gegangen und hatte sein Haus nicht vollständig abgeschlossen, also Fensterläden nicht runtergelassen, Alarmanlage nicht eingeschaltet, so daß wir ihn von der Auszahlung befreien wollten. Aber das Gericht hat entschieden: Die Versicherung muß zahlen. Wir haben uns diesem Urteil gebeugt – also, Unfehlbarkeit wird nicht beansprucht.

Kurt, es wird uns Versicherungsvertretern immer vorgeworfen, daß wir die Leute überversichern. Aber damit tun wir doch etwas Gutes. Vor einer halben Stunde, Kurt, habe ich hier auf diesem Bahnhof einen sogenannten Penner überzeugt, eine von den gescheiterten Existenzen, die jetzt aus'm Osten zu uns herkommen. Er bezieht noch Sozialhilfe – ist aber von zu Hause abgehauen. Ich hab' es geschafft, ihn für eine Versicherung über achtzigtausend D-Mark zu gewinnen. Der hat unterschrieben. Jetzt zahlt er mit seiner Sozialhilfe die Versicherung ab. Aber der Mann hat wieder einen neuen Glauben, Kurt. Die Sozialhilfe hat ihn gedemütigt. Aber daß er jetzt eine Lebensversicherung hat, gibt seinem verpfuschten Leben wieder einen Wert. Und wenn er an unserem vierundzwanzigstöckigen Hochhaus in Glas und Aluminium vorbeigeht, Kurt, dann guckt er da rauf – und kann stolz von sich sagen: Ich hab' im Leben doch etwas geschafft. Und ich bin achtzigtausend wert!

*

Es war die Zeit, als ein gewisser General Schwarzkopf seinen Feldherrnruhm damit begründete, daß er zum Beispiel irakische Soldaten in ihren Stellungen einfach lebendig begraben ließ – die Zeit, als ein Krieg im Fernsehen lief, wie man ihn bisher nur von den Videospielen her kannte: Fadenkreuz auf dem Bildschirm und der Weg der Rakete, millimetergenau gesteuert in den feindlichen Bunker... Es ging um »Gerechtigkeit für Kuweit« – und nicht etwa um Öl... In jenen Tagen also erschien ein seltsamer Gast bei Kurt: in abgewetzter Lederkleidung, mit nackter Brust. Er hatte eine Lanze bei sich, einen Schild und trug einen altertümlichen Kriegshelm unter dem Arm.

Er sah aus wie ein griechischer Krieger aus der Antike. Ob er eventuell ein Schauspieler vom Stadttheater gegenüber war, hat nie jemand herausbekommen. Vielleicht weiß Kurt es, aber der sagt ja nichts. Jedenfalls behauptete dieser seltsame Zeitgenosse, er sei Mars, der Kriegsgott der Griechen...

Mars '91
oder Die Verweigerung

(Mann, laut und grob): Ein Bier, verflucht! (haut mit der Faust auf den Tresen) Ich bin fertig. Nicht mit mir. Mein lieber Mann, und ich hab' gedacht, ich bin aus Eisen!
(Brüllt): Ein Bier, hab' ich gesagt! 'ne Flasche! Was is'? Mein Ton gefällt dir nicht? Geht das schon wieder los. Eben sag' ich da draußen zu jemandem ganz höflich: Ich halt' es nicht mehr aus, ich brauch' jetzt dringend ein Bier. Da sagt der: Für Typen wie Sie am besten bei Kurt in der Bahnhofskneipe. Für Typen wie mich! Ja, wer bin ich denn?
(Laut): Ich bin der Kriegsgott Mars! Brauchst gar nicht zu grinsen! Ich bin der, vor dem ganze Völker zitterten, wenn ich nur gehustet habe! Sie haben gebetet, daß ich nicht erwachen möge.
Das Bier! Danke!
Aber jetzt. Die bilden sich ein, daß ich so was mitmache, daß ich noch Beifall klatsche zu ihren Weltuntergangsunternehmen. Nee, sag' ich. Es widert mich an! Man nannte mich den großen Schlachtenlenker. Ich war grausam und roh. Ohne mich wäre keiner von ihnen ein Held geworden: nicht der Pelide und nicht Hektor, keiner! Da können Sie sagen, was Sie wollen: Das war noch Kriegskunst! Ästhetik damals. Aber

heute – wenn ich das seh', muß ich mich übergeben.
Ich! Mars!
(Brüllt): Noch ein Bier! Ich halt' es nicht aus. Das ist keine Schlacht. Das ist ein Schlachten. Das ist kein Krieg, das ist eine Schande! Das lasse ich nicht mit mir machen. Ich habe nichts damit zu tun!
Sie bringen die Kinder um. Zu Zigtausenden. Sie werfen das Feuer der entfesselten Materie, Gift und Seuchen auf Zivilisten! In irgendwelchen Kommandozentralen sitzen sie und steuern mit Sensor-Bedienung ihre Wahnsinnsraketen auf alles, was da kreucht und fleucht, in Wohngebiete, wo niemand sich wehren kann.
Daß es so etwas geben darf. Daß ich so etwas erleben muß. Ekelhaft!
Zeus und Hera machten mich einst zum Gott des tobenden Schlachtengewühls. Der wilde Männermord war meine Lust. Ich war sogar meinem Vater verhaßt wegen meiner Roheit.
Ich werde dem Olymp berichten: Wo einst der Pelide mit dem Schwert gekämpft hat, steht jetzt ein blasses Männlein und drückt auf irgendeinen Knopf. Dann schießt mit einem Feuerstrahl eine Bombe aus dem Rohr, fliegt tausend Kilometer weit und vernichtet auf einen Schlag Hunderte von Menschen. Nicht im ehrlichen Kampf – sondern wahllos, wie man Fliegen oder Ungeziefer vernichtet.
Mann, ich schäme mich. Was ist aus meinem Handwerk geworden. Damit will ich nichts zu tun haben. Ich schmeiß' die Lanze weg. Unerträglich so was!

Und wenn wirklich mal ein paar Leute gegen diese Schande, diesen Irrsinn ihre Stimme erheben – dann müssen sie sich noch anhören, sie schadeten der gerechten Sache. Unschuldige Frauen und Kinder umbringen – eine gerechte Sache.
Mir wird übel!
Gib mir einen Schnaps! Wird's bald. Einen doppelten. Ha. Die haben keine Ahnung da oben!
Und Herakles hat sich noch interessiert: Ob es wohl wieder einen Helden gibt wie damals. Aber ich sage dir – vertraulich aus der Götterhierarchie: Nicht mal meine Schwester Pallas Athene, das falsche Aas, wäre auf die Idee gekommen, das Meer zu vergiften in sinnlosem Kampf. Und die Tiere der Erde, die wehrlose Kreatur, durch elendigen Tod und Verderben auszurotten, die Schöpfung zu vernichten. Wir waren roh und gewaltsam – aber niemals feige und viehisch. Ja, viehisch, das ist das Wort!
Noch ein Bier!
Es ist viertausend Jahre her – da bewegte ich noch selbst einiges auf diesem Planeten. Dann haben wir – der Olymp – euch Menschen euch selbst überlassen. Mit *mir* wollten meine Götterbrüder euch verschonen. Na, und jetzt haben sie mich runtergeschickt. Da unten soll mal wieder eine Schlacht laufen, haben sie gesagt. Dafür bist du doch zuständig. Sieh zu, ob du der einen oder der anderen Seite das Schlachtenglück bringst. Wähle die edleren Krieger, achte auf die Mutigen, lehre auch die Tapferen, daß ihnen menschliche Tugenden allein nicht den Sieg

bringen. Sondern daß die Götter den Sieg nach ihrem Willen vergeben!
Ja, Scheiße!
Ich habe keinen Mutigen, keinen Tapferen gefunden. Sie sind allesamt Feiglinge. Philoktet fragte noch, ob es wohl wieder solch eine Waffe gäbe, wie er sie besaß – einen vergifteten Pfeil, der immer trifft? – O ja! Sie haben solche Pfeile. Die wiegen drei Tonnen, mit Düsenantrieb, elektronisch gesteuert – wenn sie aufschlagen, verbreitet sich giftiges Gas über die ganze Stadt und vergast vom Baby bis zur Katze alles, was atmen kann. Ganze Industrieheere verdienen ihr Geld damit, daß sie in Friedenszeiten solche unvorstellbaren Meuchelwaffen herstellen.
Verflucht noch mal! Ich hab' die Schnauze voll. Ich verbiete jedem, mich mit dieser Schande in Verbindung zu bringen.
Hier! Nimm eine alte Münze! (wirft sie auf den Tresen)
Ich könnte heulen. Zum erstenmal seit viertausend Jahren.
Bevor ich zu den Göttern zurückgehe, werde ich in der Stadt demonstrieren gehen. Ares, Mars, der Gott des Krieges, demonstriert mit den Kriegsgegnern. Was für eine Schande! (ab)

*

Wie muß einem Ex-DDR-Bürger zumute sein, der vielleicht noch 1986 in den Knast wanderte, nur weil er ein großes A an seine Trabi-Rückscheibe geklebt

hatte – für »Ausreisewilliger« –, und der nun ein Jahr nach der Wende zum Beispiel wegen eines Verkehrsvergehens vor Gericht steht – und demselben Richter begegnet wie 1986? Die Justiz in den neuen Bundesländern wäre zusammengebrochen, hieß es, wenn alle Richter aus der SED-Zeit entlassen worden wären. Das werde ich wohl nie lernen: daß Richter gar nicht jene Respekt verdienenden Menschen sind, die aus einer gewissen Weisheit heraus richten und mit dem Willen, in dieser ungerechten und unvollkommenen Menschenwelt wenigstens ausgleichend zu wirken, wenigstens der Menschlichkeit und dem Ziel eines menschenwürdigen Zusammenlebens zu dienen. Immer habe ich gedacht, der Beruf des Richters ist dem Beruf des weisen Philosophen oder sogar des Dichters am nächsten. Das Gesetz ist ihm eine Hilfe, aber was ihn im Grunde leitet, sind die allgemeinen Menschenrechte – und wo ein Gesetz gegen diese verstößt, ist es ein Gesetz, das ein Richter, der diesen Namen verdient, nicht anwenden wird – dem er sich vielmehr nicht verpflichtet fühlt.
Daß dieses, mein Bild vom Richter, die reine Illusion ist, daß im Gegenteil Richter einer der verächtlichsten Berufe ist, verächtlicher als der einer Prostituierten, wurde nun zum zweitenmal innerhalb einer Generation in unserem Lande klar.
Darum fand ich den Vorschlag des Programmierers, der kurz nach der Wende in Kurts Kneipe auftauchte, durchaus ernst zu nehmen...

Der Programmierer
oder Computer sind bessere Richter

(Er steht mit Aktentasche an der Theke. Auf der Theke liegt eine Zeitung.)
Da sehen Sie's wieder. Fast jeden Tag steht was in der Zeitung über die Problematik mit den Richtern. Hier schon wieder. Dabei handelt es sich um ein Scheinproblem. Ich fahre in zwanzig Minuten nach Frankfurt. Zu unserer Zentrale. Ja, wir haben uns da als Programmierer gerade in dieses Thema reingehängt. Die Richter aus der ehemaligen DDR müssen sich alle möglichen Vorurteile gefallen lassen. Sie hören das ja sicher auch hier in Ihrer Bahnhofskneipe. Daß sie unmenschliche Urteile gefällt haben. Daß ein Richter es doch wissen muß, wenn er Recht spricht in einem Unrechtsstaat, und so weiter. Das Wort von den furchtbaren Juristen kommt wieder hoch. Also – dazu können wir als Computerfachleute ein klärendes Wort sprechen. Wir haben die Materie analysiert und festgestellt: Es ist einfach falsch, Richter nach menschlichen Gesichtspunkten zu beurteilen. Alle diese Vorurteile setzen voraus, daß der Richter ein Mensch ist. Und da sagen nun wir Computerfachleute: Der Richter ist ein Computer beziehungsweise: Solange bei ihm noch irgendein menschlicher Faktor hineinspielt, ist er kein Richter, so wie sein Berufs-

»Richter müssen Computer sein:
ohne Verantwortung und ohne die geringste
menschliche Regung.«

bild es verlangt. Der Richter ist dem Gesetz verpflichtet. Und zwar ganz gleich, welchem Gesetz! Je nach der Epoche: entweder einem *faschistischen* oder einem *sozialistischen* oder einem *theokratischen* oder einem *demokratischen* – ganz einfach jeweils dem Gesetz, das gerade in Kraft ist, in dem Staat, in dem er sein Amt ausübt. Aber diese Grundsituation ist auch die Grundsituation des Computers: Er spuckt immer genau die Ergebnisse aus, die dem Programm entsprechen, mit welchem er gerade gefüttert ist. Also der Richter als solcher interessiert uns Computerfachleute als Funktionssystem. Er ist für uns zur Software-Erstellung geeignet, weil er eben in seiner Idealfunktion nichts Menschliches mehr an sich hat. Ein Richter hat keine Verantwortung und kann darum auch nicht zur Verantwortung gezogen werden. Natürlich: Er darf bei der Verhandlung nicht einschlafen oder seine Akten verschlampen – aber sonst: keinerlei Verantwortung, eben wie ein einwandfrei funktionierender Computer. Das war eigentlich schon immer so. Auch bei den Nazi-Richtern. Weil sie ja nur das Gesetz angewandt haben, ohne eigene Verantwortung, konnten sie folgerichtig auch völlig übergangslos in unser neues System übernommen werden. Ein Richter hat wie ein Computer zu sein – ohne jeden Zug von Menschlichkeit oder überhaupt irgendein Gerechtigkeitsgefühl. Richtig aufgefallen ist uns diese Scheinproblematik jetzt bei den Richtern der Ex-DDR. Sie müssen sich mal vorstellen:

Da soll nun so ein Richter – ich führe einen authentischen Fall an – sich plötzlich verantworten, weil er vor fünfzehn Jahren ein Todesurteil wegen schwerer Republikflucht unterschrieben hat. Er verteidigt sich mit dem Argument: Das war doch geltendes Recht. Ich habe doch nur ausgeführt, was der Gesetzgeber – in diesem Falle die sozialistische Diktatur – mir vorgegeben hat. Vollkommen richtig, wie dieser Mann argumentiert. Ein Richter muß absolut ohne jede menschliche Regung sein, wenn er zu seinem Urteil kommt: Er hat mit der kalten Intelligenzleistung eines Computers vorzugehen. Jedes Mehr, jede Spur von menschlichem Verstand oder gar menschlicher Weisheit muß hier ausgeschlossen werden. Darum wollen wir Computerfachleute ein für allemal verhindern, daß Richter doch immer wieder mit Gewissen oder Gerechtigkeitsgefühl in Verbindung gebracht werden: In Zukunft soll der Richter nur noch das Urteil verlesen, das per Computerprogramm erstellt wurde. Wir haben hier einmal drei Modelle von Gesetzes-Systemen ausgearbeitet. (Kramt Unterlagen hervor): Dieses hier ist die Gesetzesbasis für einen faschistischen Staat – Gesetz ist das Wort des Führers. Dieses hier ist die Gesetzesgrundlage für eine sozialistische Diktatur – die Partei hat immer recht. Und hier wäre das etwas komplexere Programm einer demokratisch-föderalistischen Gesellschaft. Der Richter braucht dann immer nur noch die Diskette mit jenem Gesetz einzugeben, das der gerade herrschenden Staatsform entspricht. Zur Zeit

ist bei uns gerade das demokratische Recht dran. Wenn aber irgendwann wieder eine Diktatur kommt, könnte der Richter ja in Schwierigkeiten geraten. Daß man ihm vorwirft, er habe aus eigener demokratischer Überzeugung gehandelt. Dann kann er sofort nachweisen: Ich war es gar nicht, es war das Computerprogramm – und jetzt steck' ich eben die andere Diskette rein.
Sehen Sie – das ist jetzt unser neues Anwendungsgebiet: Warum nicht gleich die ganze unmenschliche, kalte Intelligenzleistung des Richters vom Computer ausüben lassen? Der Richter spricht dann nur noch – möglichst etwas salbungsvoll – das Urteil, das er vom Computer abliest. Und niemand brauchte sich dann mehr zu wundern, wie blitzschnell so ein Richter von *einem* geltenden Recht auf das nächste umstellen kann – ohne inneren Schaden zu erleiden.
Danke schön. Auf Wiedersehen!

*

Die Kleinen hängt man – und die Großen läßt man laufen. Das war die überwiegende Meinung der Bundesbürger, als die ersten DDR-Grenzsoldaten vor Gericht gestellt wurden, die nachweislich Republikflüchtige erschossen hatten. Sehr interessant in diesem Zusammenhang natürlich die Frage der Befehlsverweigerung. Deserteure, die in glorreicher Zeit nicht mehr mitmachen wollten, werden vom bundesdeutschen Verteidigungsminister immer noch als Verräter verurteilt. Andererseits wurde von den

sogenannten Mauermördern erwartet, daß sie den Gehorsam verweigern. Aber solche haarsträubenden Widersprüche sind ja nichts Besonderes in unserem politischen Alltag.
Der Mann, der in jenen Tagen bei Kurt am Tresen stand und von seinem Schwager erzählte, der zu diesen »Mauermördern« gehört, brachte die Sache auf einen Punkt, über den man auch in der Presse fast gar nichts erfuhr . . .

Der Mauermörder
oder Das lass' ich mir nicht mehr nehmen!

»Mauermörder in Untersuchungshaft«. Ist die Zeitung von heute? Ach, hat jemand liegenlassen hier in Ihrem Bahnhofsimbiß. Trotzdem: Davon reden ja alle. Von den Mauermördern. Ich könnt' Ihnen dazu was erzählen. Etwas, wo ich immer noch drüber nachdenken muß.
Mein Freund ist nämlich der Schwager von einem andern Mauermörder. Waren ja nicht nur die vier hier. Er sagt, der hat immer gesagt: »Wenn sie mich bloß bald verhaften. Damit es endlich losgeht. Ick hab' einen Menschen erschossen«, hat er gesagt. »Ick bin ein Mörder. Da jibt's nischt mehr dran zu ändern. Und hab' noch 'ne Auszeichnung dafür gekriegt. Und hundertfünfzig Mark Prämie.«
Mein Freund wollte ihm immer klarmachen: »Mike, das ist ein Verhängnis, daß du das gewesen bist. Das hätte auch jedem andern passieren können. Du hast einfach Pech gehabt, daß du an dem Tag Dienst hattest. Dich hat's getroffen. Aber jeder andere hätte auch gehorchen müssen. Du bist kein Mörder.« Aber sein Schwager, sagt mein Freund, ist ein ganz anderer Mensch geworden. Er sagt immer nur: »Das weiß ich alles. Das hab' ich mir ja selber schon tausend- und tausendmal gesagt. Die Wahrheit ist aber: Det war

kein anderer. Det war ick. Ick hab' ihn erschossen. Ick hab' die Knarre gehalten. Ick habe jeschrien: Stehenbleiben oder ich schieße! *Ich* habe gedacht: Scheiße, wenn der jetzt weiterläuft, denn muß ick schießen. – Und das war alles wie in einem Film«, sagt er. »Es glaubt mir ja heut keener mehr«, sagt er, »aber 'ne Sekunde hab' ich noch jedacht, tu's nicht, Mike – aber die andere Stimme in mir war viel lauter: Biste verrückt? Willste dir unglücklich machen? Befehl is' Befehl! Wat jeht dich det an! Und denn – denn is' der Republikflüchtige auch schon zusammenjesackt – mit solchen Augen! Hat jar nich' so jekiekt, wie du dir Todesangst vorstellst. Mehr so ungläubig, so, als wenn er sagen wollte: Bin ick nu erschossen oder wat? Konnt' aber nischt mehr sagen. War gleich weg. Herzdurchschuß. Schießen kann ick. Und det Merkwürdige«, sagt mein Freund, sagt der Schwager – also, der hat ihm das alles 'ne ganze Nacht lang erzählt –, »das Merkwürdige: Zuerst hab' ick mir jar nich' schlecht jefühlt. Davor hatte ick immer Angst. Mann, wenn bloß nischt passiert anner Grenze. Wenn ick bloß nich' mal schießen muß, so 'ne Scheiße! Da kann ick nachher nich' mehr froh werden oder wat.« – Davor hatte er Angst, sagt er. »Aber wie det nu passiert is'«, sagt er, »hab' ick mir richtig selber beobachtet: Na, wat is' nu mit dein Jewissen? Aber nischt. Alles halb so schlimm, hab' ick jedacht. Ick hab' doch die Jesetze nich' jemacht: Pflichterfüllung. Und det wird ja nu och nich' umsonst sein: drei Tage Sonderurlaub und 'ne Auszeichnung wegen Ver-

»... er hat geguckt, als wollt' er fragen:
Bin ick nu erschossen – oder wat?«

eitelung einer bewaffneten Republikflucht. Bewaffnet war der aber jar nich'. Der hatte so 'n Dreierhaken aus'm Garten bei sich mit 'ner Schnur dran. Da wollt' er sich dran hochziehen an der Mauer. Das haben die ihm als ›Waffe‹ ausgelegt. Aber wie jesagt«, sagt er: »Ick war' nich' grade stolz auf mich – aber ick war froh: Det Jewissen war mucksmäuschenstille. Und jut jeschlafen hab' ick auch«, sagt er, »die erste Nacht.«
Mein Freund sagt: »Wenn du den Mann hörst, kommst du ins Grübeln. Und denkst an deine eigenen Kriegserlebnisse – und irgendwie tut dir der Typ dann leid.« Aber der Mike sagt jetzt: Er will nicht bemitleidet werden. Er sagt, es ist ihm alles klar: Wenn die DDR nicht den Bach runtergegangen wär', würd' er jetzt vielleicht Unteroffizier sein oder wie das da drüben hieß, schon lange versetzt von den Grenztruppen – und ein normales Leben führen. Er ist verheiratet und hat zwei Kinder. Bestimmt hätte er es alles längst verdrängt, sagt er, wenn die Mauer noch immer stehen würde. Und das arme Schwein, das er erschossen hat, würde ihm wahrscheinlich nicht mal mehr leid tun. Das mit dem Gewissen, sagt er, das ist tatsächlich erst losgegangen, als die Menschen auf der Straße demonstrierten – und als das SED-Regime anfing zu wackeln. Da hat er plötzlich wieder Alpträume gehabt. Und hat im Zimmer gestanden vor dem Bett seiner beiden kleinen Mädchen – und hat angefangen zu heulen. Hat gar nichts Bestimmtes gedacht – sondern die Angst ist bei ihm losgegangen.

Und wie sie dann in den Westzeitungen zum erstenmal von den Mauermördern geschrieben haben – da ist ihm das wie ein Stein auf den Kopf gefallen, und er hat es gewußt, sagt er: Ich bin ein Mörder!
Mein Freund hat auf ihn eingeredet: »Mike, das ist doch großer Quatsch! Mörder, das sind doch die, die den Befehl gegeben haben. Erst mal Honecker und Mielke – aber auch die andern, die nicht selber schießen mußten, sondern nur befehlen. Befehlen ist einfach. Aber du hast die Dreckarbeit machen müssen. Die sind doch viel schlimmer; das sind wirklich Verbrecher, die uns kleinen Leuten einen sozialistischen Staat und die absolute Gerechtigkeit versprochen haben – und dann jeden erschießen lassen, der ihr Paradies nicht mehr aushalten kann. Du wußtest doch nur: Du kommst auf jeden Fall nach Bautzen, wenn du den Befehl nicht befolgst. Und jetzt sollen die, die das alles zu verantworten haben, von Honecker bis Modrow und bis zum NVA-Offizier, die sollen alle straffrei ausgehen – und nur du bist der Mörder?«
So hat er auf ihn eingeredet, mein Freund. Aber wissen Sie, was mein Freund sagt, was der Schwager ihm geantwortet hat?
»Das ändert doch alles nichts. Ich habe einen Menschen erschossen. Ick bin ein Mörder! Ich habe denen gehorcht, verstehst du.
Ich kann meinen Kindern nicht mehr in die Augen sehen. Nee, mein Lieber! Jetzt weiß ich es: Ich bin ein Mörder. Und diesmal, det versprech' ick dir, diesmal können die mir nicht mehr befehlen, die Herren

Funktionäre. Ick bin ein Mörder. Ich ganz allein. Det lass' ick mir nu nich' mehr nehmen!«

*

Golfkrieg. Und deutsche Soldaten dürfen nicht dabeisein! Ja, es gibt sogar welche, die wollen nicht mal in die Türkei fliegen, um unserem NATO-Partner zu helfen... Noch ein Jahr später sollte der neue Generalinspekteur Naumann über dies Versagen der Bundeswehr entsetzt sein. »Der deutsche Soldat muß wieder lernen, dem Tod ins Auge zu sehen«, fordert Naumann 1992. Das wird dem Bürgervereinsvorsitzenden gefallen haben, der sich damals während des Golfkriegs so aufregte – bei Kurt an der Theke...

Der Bürgervereinsvorsitzende
oder Die Bundeswehr hat eine Tradition

(Er ruft einem Gast hinterher): Was? Ich bin Vorsitzender vom Bürgerverein Ordnung von 1923 e. V. Jawohl! Und Sie – Sie sollten sich mal lieber zu Herzen nehmen, was Ihr Admiral Wellershoff gesagt hat, Sie ... Sie Bundeswehrmatrose!
(Zum Wirt): Hosenscheißer. Wenn ich so was schon höre: »Bei uns hat jeder jederzeit das Recht, den Kriegsdienst zu verweigern.« Vielleicht noch direkt an der Front!
Ja, ich hatte ein helles Bier bestellt. Mein Kollege verspätet sich mal wieder. Wir sind hier bei Ihnen in Ihrem Imbiß verabredet!
Bravo, General Wellershoff, kann ich nur sagen. Der nennt Feiglinge wenigstens Feiglinge! Wagt ja sonst keiner mehr in unserer verrotteten Gesellschaft. Fabelhaft, der Mann! »Weinerlich und materialistisch« sind die deutschen Kriegsdienstverweigerer, hat er gesagt. Vorige Woche auf der Kommandeurstagung. »Weinerlich und materialistisch!« – Da bricht endlich mal ein Krieg aus, wo wir Deutschen uns bewähren können – und dann scheißen die sich in die Hose!
Deutsche Soldaten – wo haben wir nicht überall mitgekämpft! Da kann man richtig sentimental werden,

wenn man daran denkt. Bis zum Nordkap sind wir vorgedrungen. In sechs Wochen war ganz Norwegen abserviert! Ach, Mann! Oder Tobruk. Wissen Sie noch: Tobruk? Tobruk und Benghasi! Junge, Junge, Junge! Darum hat die Welt auch auf uns gehofft diesmal. Das konnte sich überhaupt keiner vorstellen: Wüstenkrieg, und Deutschland nicht dabei!
Aber Kriegsdienst verweigern. Mitten im Krieg! Gott sei Dank: Der Wellershoff hat es diesen Waschlappen aber gegeben: »Das Ausleben der Angst«, hat er gesagt, »das Ausleben der Angst und nicht ihre Überwindung ist zur nationalen Tugend geworden.« Vornehm ausgedrückt, nicht wahr. »Das Ausleben der Angst« – das heißt zu deutsch: In die Hose scheißen, und das Vaterland verraten! – Statt begeistert zu sein, sich zu freuen, daß deutsche Soldaten auch mal wieder Gelegenheit kriegen zum Heldentod oder wenigstens für'n EK 1. Aber nein, sie kneifen den Schwanz ein, die Feiglinge, und beschmutzen die Ehre der Wehrmacht! Deserteure gehören an die Wand! Aber nein, wir leben ja in einer Demokratie. Wo jeder Feigling das Maul aufmachen kann und noch Verständnis findet! Verdammt, das muß bitter sein für einen General vom alten Schrot und Korn. Denken Sie mal an Udet, denken Sie mal an Rudel! Was ist aus deutschen Soldaten geworden?
Als Vorsitzender von unserem Bürgerverein seh' ich das aus nächster Nähe: Die jungen Männer heute sind keine Männer mehr! Die sind auch nicht bereit, von großen Deutschen zu lernen! In Füssen hat das

Verteidigungsministerium die Kaserne nach einem alten Haudegen unter Hitler benannt: General-Dietl-Kaserne. Das war einer, der Dietl! Ging für seinen Führer durchs Feuer. Hat seine Soldaten mit Tränen der Rührung in den Tod geschickt! – Die SPD hat natürlich dagegen gezetert: Kaserne darf doch nicht nach Nazi-General heißen. Aber Stoltenberg ist hart geblieben! Tradition muß gewahrt werden!
Hat aber alles nichts genützt. Kein Idealismus mehr. Nur Scheißangst um das eigene Leben. In Amerika, da machen sie jetzt drei Tage große Siegesfeier in New York! Konfetti auf alle Helden der Operation Wüstensturm! Die Stadtreinigung weiß nicht, wie sie die Tonnen von Konfetti bewältigen soll! Das Volk empfängt die Sieger! Ja! Die Friseure schneiden jedem Soldaten einmal umsonst die Haare. Die tapferen Frauen kriegen gratis eine Dauerwelle! Jawohl! Da weiß man doch wenigstens, wofür man gekämpft hat! Und bei uns? Wellershoff möchte sich am liebsten ins Mauseloch verkriechen. Generalinspekteur einer feigen Truppe sein zu müssen! Und dauernd muß er sich entschuldigen beim Ausland. Mit dem Grundgesetz. Wir hätten ja gern, aber wir durften ja nicht!
Na schön, dann trink' ich noch ein zweites. Versteh' ich nicht? Vielleicht kommt er gar nicht mehr.
Grundgesetz. Hätte ich dem Kohl nicht zugetraut, daß er wenigstens in dem Punkt mal Farbe bekennt: Das Grundgesetz muß geändert werden! Deutsche Soldaten müssen überall dabeisein dürfen, wenn es was zu kämpfen gibt. Auch außerhalb der Nato! »Der

Einsatz der Bundeswehr zur Wahrung des Weltfriedens im multilateralen Rahmen ist zulässig!« hat Landesgruppenvorsitzender Wolfgang Bötsch gesagt. Verstehn Sie, was das bedeutet? Das heißt: daß die Deutsche Wehrmacht wieder überall dabeisein muß! Wir lassen uns nicht mehr wie Schuljungen, die was ausgefressen haben, in die Ecke stellen! Wir wollen mitschießen und mitbomben, wenn es um den Frieden geht!
Aber dieser Engholm, der Weichling, macht ja nicht mit: Deutsche Soldaten sollen höchstens Kanonenfutter sein dürfen. Als Blauhelme und so. Besten Dank – sich da hinstellen zwischen den Fronten als Zielscheibe! Nee, mein Lieber: Zuschlagen ist unsere Stärke und nicht Hinhalten! Das haben wir schließlich in zwei Weltkriegen bewiesen – und einen dritten kann es überhaupt gar nicht geben ohne uns!
So, ich werde jetzt zahlen – mein Kollege kommt sowieso nicht mehr. Er ist aus Hannover angekommen – aus Wunstorf. Ich nehme an, die haben da wieder die Gedenkfeier vorbereitet – für das Geschwader Boehlke, ja, das gibt es auch noch. Das waren doch die, die damals Guernica platt gemacht haben – aber nicht nur Guernica. Jawoll – und das Bundeswehrgeschwader hält die Tradition immer noch hoch! Müßte ja auch mit dem Teufel zugehen, wenn wir Deutschen nicht eines Tages der Welt mal wieder zeigen würden, wer wir wirklich sind!
Weitermachen!!

*

Seit der Bayern-Kurier die Justizministerin Leutheusser-Schnarrenberger der Blasphemie bezichtigte, weil sie ihren Hund Dr. Martin Luther nannte, muß man – vor allem als Prominenter – natürlich vorsichtig sein mit der Auswahl seiner Hundenamen. »Bischof Dyba!« wäre zwar sehr originell (Sitz, Bischof Dyba! Gib Pfötchen, Bischof Dyba!) – aber nein: So etwas würde ich meinem Hund niemals antun.

Es ist ein urdeutsches, bitterernstes Thema, dieses Hundethema . . .

Der Hundebesitzer
oder der Entledigungswille beim Ablagerungsvorgang

(Der Hundebesitzer hat eine Aktenmappe bei sich, öffnet sie, holt eine Prozeßakte und das Foto von Hector heraus): Ja, ja – Arbeitslosigkeit, Kriegsfolgen, Umweltverschmutzung. Was die Leute für Sorgen haben. Soll sich vielleicht alles nur noch darum drehen? Hier – das muß Sie doch interessieren als Hundebesitzer, Herr Wirt!
(Legt seine Akte demonstrativ hin): Ich sage Ihnen: Ich gehe in Berufung! Hundertfünfzig Mark Geldstrafe wegen fahrlässiger umweltgefährdender Abfallbeseitigung gemäß Paragraph 326 römisch eins Nummer 3 römisch vier StGb! Weil mein Hector sein Geschäft da im Stadtpark im Gebüsch erledigt hat.
(Er beißt in eine Frikadelle): Ein Skandalurteil! Ein Justizirrtum!
Hier, das ist der Kommentar der juristischen Sachverständigen (liest vor): »Wenn ein Hundebesitzer für das Abkoten seines Hundes verantwortlich gemacht werden soll, muß ihm zuallererst einmal nachgewiesen werden, daß er überhaupt als Hundebesitzer auch gleichzeitig der Besitzer des Kotes seines Hundes ist.« – Hier steht es: »vergleiche Steindorf, neueste Untersuchung zur Rechtssprechung der Hundekot-Abfallbeseitigung, sowie Leckebusch-Schönberg,

›Der Hundekot als nichtqualifizierter Abfall‹, Kapitel 7 fff.« Das ist nämlich der Sachverhalt. Wie bitte? Ob das so wichtig ist? Seit meiner Autogeschichte damals, wo mich der Richter überrumpelt hat, hab' ich mir geschworen: So was passiert mir nicht wieder. Schuld war ja auch mein Rechtsanwalt. Weil er mich nicht ausreichend informiert hat. Aber mein neuer Rechtsanwalt, der gibt mir wenigstens Unterlagen. Daß man sich vorbereiten kann!
Nach rechtlichem Gesichtspunkt gehört nämlich zum Besitz auch ein Besitzerwille! Wenn ich als Hundebesitzer einen Hund besitze, muß ich nicht gleichzeitig auch den Inhalt des Hundedarms besitzen. Weil ich ja zum Beispiel zum Zeitpunkt des Gassigehens gar nicht mit Sicherheit wissen kann, ob mein Hund einen gefüllten Darm hat. Insofern kann ich auch den Inhalt nicht besitzen wollen, also keinen Besitzerwillen haben in bezug auf den Hundekot, welcher in diesem Fall den Abfall darstellt. Das heißt auf deutsch: Ich besitze zwar den Hund. Aber der Hund besitzt seinen Kot allein, er bleibt Eigentum des Hundes.
(Beißt wieder in eine Frikadelle mit Senf): Das wissen nämlich die Hundebesitzer nicht. Und lassen sich von den Gerichten ein willkürliches Urteil gefallen. Bitte? Was heißt denn: keine anderen Sorgen? Weltkonflikte hat es immer gegeben! Aber solange noch nicht einmal in einem Rechtsstaat gewährleistet ist, daß der kleine Hundebesitzer vor der Verfolgungswut obrigkeitsstaatlicher Hundegegner geschützt ist, ist doch sowieso alles umsonst!

»Kriege hat es immer gegeben. Aber wenn noch nicht einmal die Rechtslage des einfachen Hundebesitzers gesichert ist, dann . . .«

Hier – das ist interessant: Ich hatte Hector nicht an der Leine. Er ist frei gelaufen. Das ist wichtig. Wenn nämlich der Hundebesitzer den Hund an der Leine führt, so ist er automatisch auch Besitzer des im Hund befindlichen Kotes. So kommentiert hier Stefan Kunz in seiner Untersuchung »Recht der Abfallbeseitigung, Paragraph 3 römisch eins Absatz 4 AbfG.« Mit dem Hund führt also der Besitzer sozusagen – entschuldigen Sie bitte – auch die Kacke an der Leine. Das aber war bei mir nicht der Fall!
Bitte noch einen Kaffee. Meine S-Bahn geht in fünf Minuten.
Ich gehe in Berufung. Darauf können Sie sich ... Wie? Arbeitslosigkeit? Wieso? Dritte Welt? Ja meine Güte, das spielt sich doch alles ganz woanders ab! Das ist doch nicht mein Problem. Mein Problem ist, daß dem Hundebesitzer – passen Sie mal auf – nicht nur nachgewiesen werden muß, daß er Eigentümer des Kotes ist, nein, es muß ihm im Falle des Abkotens durch seinen Hund auch ein Entledigungswille nachgewiesen werden! So weisen es die Hundekot-Rechtsexperten Lackner und Gramschätzer in ihrer Studie »Das Abkoten als subjektive Abfallablagerungshandlung« auf Seite 85 Absatz 3 einwandfrei nach!
Die Frage ist also rechtlich völlig ungeklärt, ob der Hundeführer, obwohl er als Besitzer des im Hundedarm befindlichen Kotes gelten kann, auch gemeinsam mit seinem Hund einen Entledigungswillen hatte. Auf deutsch also – entschuldigen Sie noch-

mals: Hat der Besitzer, wenn sein Hund ins Gebüsch macht, gleichzeitig mit ins Gebüsch gemacht oder nicht?

Ja, so ist die Rechtslage. Und da stellt sich ein Richter hin und verhängt eine Geldstrafe gegen mich, ohne alle diese rechtsrelevanten Fakten zu berücksichtigen!

Danke. Ich zahl' gleich. Meine S-Bahn kommt.

(Beißt wieder in die Frikadelle): Das müssen Sie sich merken: Wenn Ihr Hund auf die Wiese gemacht hat, lassen Sie sich nicht bange machen: Das Ablagerungsverhalten des Hundes kann Ihnen nicht wie eigenes Verhalten zugerechnet werden. Es ist immer noch etwas anderes, ob Sie selbst ins Gebüsch machen oder Ihr Hund. Rechtlich gesehen. Und darum geht es doch hier!

Krieg in wo? Ja, ist ja in Ordnung. Aber hier für mich sind das Nebensächlichkeiten. Ich geh' in Berufung. Verlassen Sie sich drauf!

Vier Mark siebzig. Ein Kaffee, drei Frikadellen!

*

Und immer wieder Karl-Heinz, der Wessi. Inzwischen hatte er sich ja nun damit abgefunden, daß sogar ostdeutsche Fußballspieler in der Nationalmannschaft spielen. Aber daß jetzt in der heiligen Bundesliga auch ostdeutsche Vereine seinen HSV schlugen, nee, das war zuviel für Karl-Heinz...!

Karl-Heinz, der Wessi III
oder Undankbarkeit

Einen doppelten Korn, Kurt! Hab' ich 'ne Wut im Bauch! Mein Vetter Alfons, der DDR-Fuzzi! Ich hab' ihn zur Bahn gebracht. Was soll ich nicht mehr sagen? Ich sag' so lange DDR-Fuzzi, bis das ein normales Verhältnis wird mit ihm! Am liebsten hätt' ich ihn untern Zug geschubst. Weißt du, was er sagt eben? »Na«, sagt er, »Hansa Rostock«, sagt er. »Ich sag' nur Hansa Rostock! Jetzt geht euch Wessis wohl die Muffe, wa? Da kann dein HSV doch nur von träumen: Bayern München in München abserviert. Und jetzt Borussia Dortmund. Fünf zu eins! Hahahaha! Willst du jetzt immer noch behaupten, wir Ossis leisten nix? An erster Stelle in der Bundesliga!«
O Mann. Das halt' ich nicht mehr aus! Ich sag': »Alfons, merkst du eigentlich gar nicht, was das für eine Sauerei ist mit euern Fußballspielen? Wir ackern uns ab für euch, wir zahlen uns dumm und dusselig, damit ihr endlich auf die Füße kommt – und zum Dank dafür haut ihr Borussia Dortmund fünf Dinger rein! Schämt ihr euch eigentlich nicht? Nichts kommt voran bei euch, zwei Millionen feiern arbeitslos und leben von den Milliarden, die ich mit meiner Hände Arbeit schwer verdienen muß. Und ihr? Ihr spielt Fußball. Das einzige, wo ihr die Ärmel

hochkrempelt und euch mal neunzig Minuten anstrengt! Das ist doch bloß ein Beweis dafür, daß ihr den Ernst der Lage nicht begriffen habt. Wir hätten euch eben nicht in die Bundesliga reinlassen dürfen. Ihr seid doch noch gar nicht reif dafür. Wenn ihr nämlich nur einen Funken Anstand hättet, dann hättet ihr schon aus Dankbarkeit für eure Wohltäter verloren. Aber was sportliche Fairneß ist, wißt ihr ja auch nicht.«
Ein Bier brauch' ich noch!
Ich sag': »Wie hat unser Kanzler auf euch gebaut. Er hat euch Ossis vertraut und euch unsere gute DM gegeben. Er hat gesagt: Keinem wird es schlechter gehen, aber allen wird es besser gehen! Wir brauchen noch nicht einmal eine Steuererhöhung, hat er gesagt, weil er auf euch gebaut hat. Aber ihr habt unsern Kanzler enttäuscht – daß er jetzt dasteht, als hätte er zuviel versprochen. So was kostet ihn Hunderttausende von Wählerstimmen. Und dann kommt ihr auch noch an und schlagt Bayern München. Seid ihr eigentlich verrückt geworden?«
Aber er, weißt du, er begreift das gar nicht richtig. »Im Gegenteil«, sagt er so giftig, »die Zeit der Bescheidenheit ist jetzt vorbei. Wir sind nicht mehr eure armen Verwandten!«
Ich hatte ihm nämlich gestern meinen alten Trenchcoat von vor vier Jahren schenken wollen. Aus Gutmütigkeit. Da war nur ein Teefleck auf 'm Rücken. Aber sonst einwandfrei. Ich sag': »Ich kann da nicht mehr mit gehen hier bei uns. Aber bei euch in Halle

»Früher haben wir euch Ossis ein Pfund Kaffee geschickt – konnt' man auch noch beim Finanzamt absetzen –, das war schön und preiswert – und jetzt?«

kommst du doch noch immer groß damit raus.« Da sagt er: Das ist eine Unverschämtheit, ich wolle ihn wohl demütigen. – »Ach nee«, sag' ich, »aber früher, wie wir immer rübergekommen sind zu euch, als die Mauer noch stand – da seid ihr uns für 'n Pfund Kaffee um' Hals gefallen? Und wenn Karla deiner Else 'ne Perlonstrumpfhose mitgebracht hat, hat sie Tränen in die Augen gekriegt. Und jetzt? Wo sollen wir denn unsere alten Klamotten lassen, wenn wir sie nicht mehr bei euch loswerden?«

»Das ist es ja«, sagte er, »was zwischen uns steht, daß ihr nicht aufhören könnt, uns als Menschen zweiter Klasse zu behandeln.« Und dann erzählt er mir da irgend so 'ne Sache von einem Rechtsanwalt. Corvin Fischer, glaub' ich. So 'n hohes Tier aus der Hamburger FDP. Und der soll da einen Bürgermeister aus Mecklenburg wegen Grundstücken beraten haben. Und der Bürgermeister hat gedacht, der tut das aus Liebe zu den Ossis. Und mit 'mmal hat er dann 'ne Rechnung über hunderttausend Mark geschickt. »Eine Sauerei«, regt Alfons sich auf. »Alle wollen uns nur übers Ohr hauen.« Ich sage: »Alfons, du begreifst bloß nicht: Das hat dieser Herr Corvin Fischer ja nur gemacht, damit ihr endlich mal lernt, was das eigentlich ist: freie Marktwirtschaft. Das hat er als Schocktherapie gedacht. Jetzt wißt ihr wenigstens, daß man einen Rechtsanwalt in der freien Marktwirtschaft noch nicht mal nach der Uhrzeit fragen darf, wenn man nicht bezahlen kann – und die Lektion habt ihr sogar kostenlos gekriegt!«

Aber das geht ihm alles nicht rein in seinen Ossi-Schädel.
»Dresden hat übrigens Eintracht Frankfurt geschlagen«, sagt er plötzlich.
»Was willst du denn damit sagen?« sag' ich.
»Wir sind nämlich deswegen in Fußball so gut«, sagt er, »weil wir da unsere Wut auf euch loswerden können. Mit jedem Tor, das wir euch reinknallen, beweisen wir euch, wer wir sind. Und dann – du wirst es sehen«, sagt er: Dein HSV wird von Hansa Rostock nur so vorgeführt.«
Da war meine Geduld vorbei. Da hab' ich die letzte Trumpfkarte ausgespielt. »Paß mal auf, Alfons«, sag' ich, »wenn das passiert – eure Wirtschaft kommt nicht voran, bloß unsere Bundesliga bringt ihr durcheinander –, dann radieren wir vielleicht doch noch mal Leipzig aus. Oder Dresden. Mit 'ner Atomrakete!« – »Was 'n Quatsch«, sagt er. »Sind doch alle abgerüstet.« – »Denkst du«, sag' ich. »In der Bundesrepublik stehen immer noch tausend Raketen von den Amis. Und die sind alle auf eure Städte in der Ex-DDR programmiert! Und die Amerikaner sagen: Die Programme wechseln wir auch nicht aus! Wer weiß, wozu das gut ist. Also, macht euch das mal klar, ihr Ossis: Wenn wir wollten, dann könnten wir immer noch euren ganzen sozialistischen Trümmerhaufen einebnen. Kleiner Druck auf 'n Knopf – und alle Probleme sind bewältigt. Manche Leute kann man ja nicht anders dazu bringen, zu arbeiten, als mit der Pistole an die Birne!«

»Das ist ja ungeheuerlich«, sagt er. »Was seid ihr Kapitalisten doch für hinterhältige Betrüger!«
»Hahahaha!« hab' ich da nur noch gelacht. »Wenn dein Hansa Rostock tatsächlich den HSV fertigmacht – dann werd' ich persönlich dafür sorgen, daß so 'n Ding mal aus Versehen losfliegt. Und zwar direkt auf Rostock! Hahahaha!«
Da hat er die Zugtür zugeschlagen und nicht mal tschüs gesagt.

*

Nicht alle Zeitgenossen, die bei Kurt am Tresen stehen, sind hundert Prozent Wahnsinnige. Einige haben auch nur einen kleinen Tick. Bei manchen ist er sogar amüsant. Wie zum Beispiel bei dem Herrn mit Baskenmütze. Ich habe ihn den Urlaubsprofessor genannt. Er tauchte im Juli auf, einen Tag vor Beginn der großen Ferien. Die Zeitungen waren schon voll von Stauwarnungen und von Urlaubsreisetips...

Der Urlaubsprofessor
oder Selbstquälerische Leidenserduldung

(An der Theke mit seinen Aufzeichnungen): Die Symptome sind einer Infektionskrankheit durchaus vergleichbar. Es muß einen Erreger geben. Ich nenne ihn vorerst: Vacantius homolitus rector: der Urlaubsbazillus. Als Hilfsbegriff. Ja, Sie lächeln. Ein Bazillus, das erscheint Ihnen absurd. Aber das ist gerade das Außergewöhnliche an meiner Theorie: ein parapsychologischer Bazillus, ein Phänomen aus dem Grenzbereich des Immateriellen. Er wirkt über die Psyche auf das Nervensystem, und zwar ansteckend, in epidemieartiger Verbreitung. Der Urlaubsbazillus.

Wie bitte? Wie drücken Sie sich aus: »Die Leute haben alle eine Meise in der Urlaubszeit?« Das merken Sie auch hier in Ihrer Bahnhofskneipe? Das ist es! Was Sie volkstümlich »eine Meise« nennen, hat seine Wurzeln im Esoterischen. Ich bin der einzige parapsychologische Wissenschaftler, dem ein empirischer Nachweis des Bazillus gelungen ist.

Sehen Sie hier: In der ersten Hypothese habe ich es so formuliert: Der Urlaub. Zusammenfassender Begriff für den periodisch auftretenden Trieb des Menschenwesens zur selbstquälerischen Leidenserduldung. Obwohl mit dem Wort Urlaub geradezu euphorische Lusterwartungen verbunden sind, läßt sich anhand der rückbezüglichen Reiseberichte nachweisen, daß es sich in Wirklichkeit um die freiwillige Erduldung unbeschreiblicher Leiden und Entbehrungen handelt. Es ist deshalb auch von einer Urlaubssucht zu sprechen, Vacantia lomolucens.

(Bekommt einen Kaffee hingestellt) Danke. Nur etwas Milch.

Hören Sie die Originalzitate von Infizierten aus meiner Erhebung:

Eine 43jährige Hausfrau: »In Griechenland gewesen. Dreizehn Stunden auf den Abflug gewartet. Halb wahnsinnig geworden!« Halb wahnsinnig, haben Sie es bemerkt? Fast alle Befallenen klagen über Geistesverwirrung infolge der erlittenen Strapazen.

Ein 38jähriger Versicherungskaufmann: »Nach Italien. Dreimal drei volle Stunden im Stau. Vor der Grenze siebzig Kilometer Stau. Hertha vom Hubschrauber abtransportiert. Hitzschlag, sie ist immer noch halb tot!«

Also lebensbedrohende Körperzustände aus metaphysischer Ursache.

Oder hier: eine besonders häufig wiederholte Schrekkensaussage:

»Mallorca! Der ganze Strand eine Baustelle! Unvorstellbarer Krach! Habe vor Wut graue Haare bekommen!«

Wie bitte? Ach, das haben Sie auch festgestellt? Ich schreibe mit (notiert): Rückkehrende Urlaubsreisende wanken in die Bahnhofsgaststätte, zittern am ganzen Leibe, völlig verstört und . . . und was? Und

»Eine Beweisstudie aus dem Grenzbereich
des Immateriellen . . .«

stöhnen: »Ein Bier, ich brauch' sofort ein deutsches Bier – oder ich tu' mir was an!«
Ein typisches Symptom. Deutet einwandfrei auf das parapsychologische Phänomen hin.
Hier, sehen Sie: alles ähnliche Originalaussagen von Infizierten. Psychoinfektion, aus Bakterienherden im immateriellen Bereich.
Höchst interessant übrigens die Tatsache: Alle beobachteten Personen verlassen freiwillig ihre gar nicht so ungemütlichen Heimatunterkünfte. 65 Testpersonen geben gleichlautende Auskünfte wie etwa: »Warum bin ich Idiot nicht zu Hause geblieben!« – »Zu Hause hab' ich meine Ruhe. Warum tu' ich mir das an?« – »Von diesen Strapazen müssen wir uns auf der Arbeit erst mal wieder erholen.«
Aber nein, Herr Wirt, das ist doch nicht zum Lachen. Das ist wissenschaftlich gesehen der Hinweis auf die Existenz des übersinnlichen Erregers. Immer dasselbe Verhaltensmuster: eben noch ausgeglichene Gemütszustände im sogenannten ordinären Arbeitsalltag. Aber dann plötzlich, mit Beginn der kalendarischen Urlaubsperiode: völlig unnatürliche Betriebsamkeit und Unruhe. Wie von Erdstrahlen gelenkt: »Keine Zeit, ich muß Koffer packen!« – »Keine Zeit, ich muß vorher die Wohnung in Ordnung bringen!« – »Lassen Sie mich zufrieden. Ich brech' zusammen. Morgen fahren wir in Urlaub!«
Und diese Erkrankung geht durch alle Bevölkerungsschichten – vom Busfahrer bis zum Kanzler. Krankhafte Erregungszustände, lebensgefährlicher Streß.

Zehn Prozent Herztote in der Startphase. Die Infizierten stürzen sich besinnungslos in Autos, Flugzeuge und Bahnen, setzen sich, auf engstem Raum zusammengepfercht, mörderischen Temperaturen aus. Physiognomischer Ausdruck deutet auf schwere geistige Deformationen hin. Dazu aber immer noch der für das Infektionsbild typische Ausspruch: »Endlich ist Urlaub!« Infarkttod, Erstickungstod, diverse Arten des Exitus bei Wutanfall.
Eine herrliche Studie für uns Parapsychologen. Ein eklatanter Beweis für Verstandesmanipulation durch kosmisch-esoterischen Bazillenbefall. Kuriosität übrigens – die wenigen Fälle von Immunität. Drei oder vier Testpersonen, die standhaft aussagen: »Ich mach' dieses Jahr keinen Urlaub!« Diese Resistenz-Personen werden jedoch sofort von sogenannten Kollegen und anderen Mitmenschen besorgt angefallen mit Fragen wie: »Sind Sie krank?« – »Ach, bauen Sie etwa?« – »Sie Ärmster, das geht aber nicht. Sie müssen doch auch mal Urlaub machen!«
Vacantius homolitus – der Urlaubsbazillus. Eine wunderbare Beweisstudie für die Existenz übersinnlicher Realitäten.
Ich zahle einen Kaffee!
Ja, ich muß jetzt schnell nach Hause. Ich schreibe die Studie noch die ganze Nacht ab. Sie muß unbedingt noch vor meinem Urlaub fertig werden.

*

Einmal betrat eine Frau in höchster Angst die Bahnhofskneipe. Es war im Herbst '91. In Bonn war gerade der Streit um die Neufassung des § 218 voll entbrannt. Die katholische Kirche natürlich ganz vorne dabei... Als die Frau hereinkam, sah sie sich erst einmal ängstlich um – als ob sie verfolgt würde...

Frauen in Angst
oder Schwangere in Vorbeugehaft!

Kann ich schnell einen Kaffee kriegen? Ich habe wieder Angst, daß sie mich verhaften. Der Herr da hinten – könnte das nicht einer von der Kripo sein? Warum? Ja – ich hab' vor einer dreiviertel Stunde mit meinem Freund geschlafen. Jetzt können sie mich doch wieder verhaften. Doch, Kurt, die können jede Frau verhaften, die schwanger ist. Was? Ja, das weiß ich doch eben nicht. Aber es könnte ja sein. Meine Nerven sind in Ordnung. Kurt, der Staat – der Staat fühlt sich doch verantwortlich für das ungeborene Leben. Er will es doch mit aller Gewalt beschützen. Ich hab' mal auf dem Rathausmarkt gestanden – wie da Frauen gegen 218 demonstriert haben. Ich bin bestimmt mit fotografiert worden. Ja, die sind so. Dadurch bin ich abtreibungsverdächtig. In Bayern hat die Polizei schon eine Datenkartei eingerichtet – da stehen alle Frauen drin, die zum Beispiel schon mal gesagt haben: Mein Bauch gehört mir. Woher soll ich denn wissen, ob es hier nicht auch so eine Kartei gibt? Aber, Kurt, ich bin doch nicht blöd: Eigentlich ist *jede* Frau, solange sie ein Kind kriegen kann, mordverdächtig! Einbildung? Nein, das ist ganz einfach die Sachlage. Kurt! Für die CSU und für die Kirche beginnt doch das menschliche Leben in dem Augenblick, wo Samen und Eizelle sich vereinigen. Von dem Augenblick an ist dann also doch auch der Staat verantwortlich für das ungeborene Leben. Das sagen sie doch sogar im Bundestag. Hörst du das denn nie? Der Staatsanwalt muß sofort einschreiten, wenn auch nur der geringste Verdacht besteht. Darum haben sie doch sogar auch an der holländischen Grenze Frauen zwangsuntersucht! Und da muß ich mich doch als vernunftbegabtes Wesen fragen: Wie kann der Staat überhaupt das ungeborene Leben mit der Frau allein lassen? Das ungeborene Leben kann ja nicht mal Notruf 110 anrufen, wenn die Frau es abtreiben will. Der Staat will doch aber unbedingt verantwortlich sein für das ungeborene Leben. Also muß er doch eigentlich jede schwangere Frau einsperren und bis zur Geburt unter strenger Beobachtung halten. Was? Nein, natürlich weiß ich nicht, ob ich schwanger bin oder nicht. Aber das ist doch der allerschlimmste Zustand für den Embryo: Er ist vielleicht schon da, aber keiner weiß es. Und wenn ich jetzt zum Beispiel die »Pille danach« nehme – diese RU-Pille aus Frankreich –, dann wäre das Mord an jemandem, von dem man noch gar nicht weiß, ob es ihn überhaupt gibt, und der gerade deshalb ganz besonders auf den Schutz des Staates angewiesen ist. Kurt, ich sage Ihnen: Erst wird der Stoiber darauf kommen und dann alle anderen CDU-regierten Länder, und dann werden die Richter in Karlsruhe es bestätigen: FRAUEN SIND SOFORT NACH DEM BEISCHLAF ZU VERHAFTEN! Sie können erst wieder

freigelassen werden, wenn sie eins von beidem kriegen: entweder ihre Tage – oder das Kind!
Was? Ich hab' wirklich ein zu dünnes Nervenkostüm?! Kurt! Es geht doch um Mord. Da darf der Staat doch nicht lange fackeln. Hören Sie mal, was ich mir alles eingeprägt habe. Kardinal Ratzinger hat neulich gesagt:
Abtreibungen sind »das Blutbad im Verborgenen«! Der Papst hat in Polen den Schwangerschaftsabbruch mit den KZs verglichen. Kardinal Wetter in München: »Abtreibung ist wie Mord an der Mauer.« Bischof Dyba predigt: »In unserem Land herrscht der Kinder-Holocaust!« Sogar Verhütung soll Mord sein. »Und die RU-Pille ist eine Mörderpille«, sagt Claudia Nolte, das ist die Sprecherin der CDU-Fraktion.
(Kurt, der Wirt, reicht ihr eine Dose mit Pfefferminzbonbons. Sie nimmt eins.)
Mord und Kindesmord und Reden über Blut und Verbrechen überall um mich herum. Und da soll ich mich noch sicher fühlen? Wo ich vor 'ner dreiviertel Stunde mit meinem Freund geschlafen habe?
(Ein Gast, der neben der Theke sitzt: Ich hätt' gern auch mal so 'ne Tablette – wie die Dame eben.)
Ich wußt es doch: Der ist von der Kripo. Das war aber keine Abtreibungspille! (Sie rennt raus.)
(Der Gast: Was hatte die denn? Ich will doch nur eins von deinen Pfefferminz, Kurt. Mundgeruch.)

*

In Hoyerswerda klatschten die Zuschauer Beifall, als Skinheads Ausländer »aufklatschten«. Für die Partei mit dem C war das ein kompliziertes Problem – zum Beispiel angesichts der Landtagswahlen in Niedersachsen. Ausländer raus! konnte man ja schlecht sagen – jedenfalls nicht so direkt. Na, da mußte es eben indirekt gehen. Ein Advertiser kam zu Kurt an den Tresen – er war ganz begeistert von dem neuen Trend in der Parteienwerbung ...

Der Advertiser
oder Weiter so, Deutschland!

Da beginnt jetzt eine neue Ära für die kreative Werbung, sage ich Ihnen. Der Politschocker! Wie? Ja, ich bin Kreativ-Direktor. Ich fahre grade nach Dortmund zu DC & Gabler. Wir haben völlig neue Conceptions vorzulegen. Ja, grade für Parteienwerbung.
Einen Cappuccino, bitte!
Politschocker? Was das ist?
Sie haben sicher auch mitbekommen – die Ergebnisse der Kommunalwahlen in Niedersachsen. Die CDU hat ein Superergebnis erzielt. Das heißt: Sie haben ihren Abwärtstrend sensationell gebremst. Und alle sind sich einig: Das hat etwas mit der Wahlwerbung zu tun – mit dem genialen Einfall einer Agentur.
Sehen Sie diesen Slogan hier: »In unserem Dorf ist kein Platz für Ausländer!« – Großartig, was? Ein absoluter Glücksfall. So auf den Punkt – und kreativ-originell. Ein Toptext. Für so was braucht ein Spitzentexter manchmal Wochen, bis der Funke zündet! »In unserem Dorf ist kein Platz für Ausländer!« Fabelhaft. Wie bitte? Ausländerhaß? Wird damit geschürt? Ja, von mir aus. Das ist hier doch gar nicht das Problem. Ich bin Advertiser. Kreativ-Direktor. Ein Slogan ist ein Kunstwerk, ein kreativer Wurf.

Nein. Wir wissen nicht, wer diese Bombe für die CDU gemacht hat. Wir müssen leider befürchten, daß es Linder & Procter gewesen sind, unsere Konkurrenz. Das beunruhigt natürlich. Auf jeden Fall: Diese Zeile hat ungeheuer eingeschlagen. Bei den Printmedien in der Bundesrepublik natürlich große Aufregung, sittliche Entrüstung, »Aufruf zur Asylantenhetze«, und so weiter! Aber das ist ja gerade der Beweis, das ist ja beabsichtigt! Der Kunde selber ist überglücklich und zufrieden. »Das Thema Asyl hat uns gutgetan«, hat der Herr Stock gesagt – Stock, glaube ich, heißt er, das ist der Vorsitzende der CDU in Niedersachsen. »In unserem Dorf ist kein Platz für Ausländer!« Glauben Sie mir, Kurt! Das ist der Anfang einer neuen Ära in der Parteienwerbung. Endlich Schluß mit diesen langweiligen, nichtssagenden Wahlslogans: »Für Deutschlands Zukunft« – blablablabla. Das lockt doch keinen Hund hinterm Ofen vor. Nein, die Parteien müssen denselben Weg gehen, wie ihn die Konsumgüterwerbung ja schon erkannt hat. Frech, provokativ, ohne Tabus: »In unserem Dorf ist kein Platz für Ausländer! CDU.«
Über diesen frischgeborenen Säugling zum Beispiel mit der Nabelschnur – haben Sie gesehen, das Plakat? Von Benetton? – da regt sich ja auch die ganze Welt auf. Geschmacklos, unästethisch, kinderfeindlich – was weiß ich nicht alles. Aber die ganze Welt redet davon. Und das allein ist entscheidend!
»In unserem Dorf ist kein Platz für Ausländer!« – da ist der Kick drin, verstehen Sie? Was meinen Sie?

Macht sich *was* zunutze? Pogromstimmung gegen Ausländer? – Das versuche ich Ihnen doch die ganze Zeit zu erklären: Werbung hat keine moralischen Dimensionen. Haben Sie die anderen Anzeigen von Benetton gesehn? Zum Beispiel Nonne und Priester küssen sich innig. Was meinen Sie, wie der Vatikan da aufgeheult hat. Aber gerade dieser Schritt zu weit – der ist es doch, der den Erfolg bringt.

»In unserem Dorf ist kein Platz für Ausländer!« – das geht los, das zündet, das hakt. Ach, Unsinn – ich sehe das doch nur als Advertiser. Wenn Sie so wollen: Durch so einen Slogan können sich natürlich Emotionen hochschaukeln, daß Häuser und Kinder angesteckt werden und so weiter. Aber was heißt hier Schuld? Bin ich schuld, daß die Leute sich zu Tode saufen, weil wir wahrhaft geniale Bacardi-Werbung machen? Eine moralische Bevormundung der Werbung wäre der Tod jeder Kreativität.

Aber ein Texter kann natürlich noch so genial sein – es nützt ihm alles nichts, wenn der Kunde nicht mitspielt. Diese Ängste und kleinlichen Bedenken – ich kenne das doch alles aus Hunderten von Präsentationen. Ich weiß genau, was sich da abgespielt hat, als die Agentur diesen heißen Slogan vorgelegt hat »In unserem Dorf ist kein Platz für Ausländer!«. – Da gab es natürlich wieder die Vorsichtigen: »O Gott, o Gott – so ungeschminkt kann sich die CDU doch nicht den Ausländerhaß zunutze machen.« Oder: »Damit fordern wir ja geradezu zur Asylanten-Vertreibung auf!« – Aber glücklicherweise hat sich der

Verantwortliche über alle diese spießbürgerlichen Bedenken hinweggesetzt und hat sich für die kreative Seite entschieden! Und der Erfolg ist eingetreten! Die Presse regt sich auf über diese »Geschmacklosigkeit«, aber der Konsument – ich meine der Wähler – hat angebissen. »Das Thema Asyl hat uns gutgetan«, sagt Herr Stock. Das muß ein Mann ohne Scheuklappen sein. Nicht nur Kreativität gehört dazu, sondern natürlich auch der Mut, die Grenze der Geschmacklosigkeit kühn zu übertreten. Das bringt dann den Umsatz, das bringt die Stimmen.

Das Beispiel in Niedersachsen wird Schule machen, sage ich Ihnen, Kurt. Wir haben den Trend erkannt. Unsere Mutteragentur wird der Bonner Parteizentrale jetzt noch viel gewagtere Entwürfe vorlegen. Wollen Sie mal sehen? Ja, das ist ein Skinhead. Nichts *auf* dem Kopf und nichts drin – innen und außen rasiert. Und dazu der alte Slogan »Weiter so, Deutschland! CDU.«

Na, was sagen Sie? Wenn die Bonner sich noch nicht trauen, legen wir ihn dem Stoiber vor. Der hat bestimmt das richtige Feeling für den neuen Trend in der Parteienwerbung.

*

Daß es mit dem Jäger 90 nicht geklappt hat, war ein harter Schlag für die traditionsbewußten Führungskräfte der Bundeswehr. Überhaupt: Die Stimmung der Truppe war miserabel. Vorbei die Zeiten, als noch das wunderbare Gleichgewicht des Schreckens herrschte. Ein Oberstleutnant stand bei Kurt am Tresen – und verlor vielleicht zum erstenmal im Leben die Haltung und die Disziplin ...

Der Oberstleutnant
oder Alles im Arsche

Einen doppelten Wodka!

Man muß den Tatsachen ins Auge blicken. Sie haben mich hier in großen Zeiten erlebt, Kurt. Wissen Sie noch damals – nach dem Großen Zapfenstreich? Wie ich hier bei Ihnen noch einen Nachtrunk genommen habe? – Alles im Arsche! Das Leben hat keinen Sinn mehr.

Ich bin Oberstleutnant an der Führungsakademie der Bundeswehr. Ich habe mich nie in Uniform betrunken. Aber wenn diese Nation letzte, höchste Werte mit Füßen tritt, hat sie auch keinen Anspruch mehr auf Disziplin.

Hier, das Schreiben des Verteidigungsministeriums: »Betr.: Versetzung / Truppenreduzierung ... bitten wir, zu prüfen, inwieweit eine anderweitige Verwendung für Sie in Frage kommt. Z. B. an verantwortungsvoller Stelle im Planungsstab Straßenbau in Sachsen-Anhalt ...«

Ich habe zweimal mit General Wellershoff die atomare Vorwärtsverteidigung durchgespielt. Man war beteiligt an den erhabensten Entscheidungen in der Menschheitsgeschichte. Und das soll jetzt alles nichts mehr gelten.

Die Bundeswehr hat eine Identifikationskrise. Sagt

der Bundeswehrbeauftragte Biehle. Die Soldaten wissen nicht mehr, gegen wen sie das Vaterland verteidigen sollen. Als ob Soldaten überhaupt etwas wissen müssen. Eine Nation, die es zuläßt, daß die Soldaten am Auftrag der Streitkräfte zweifeln, ist dem Untergang geweiht!
Mein Generalinspekteur Admiral Wellershoff ist in den Ruhestand getreten. Das war ein Mann, Kurt. Der hat nie an irgend etwas gezweifelt. Soldat sein *ist* der Sinn des Menschseins. Nur das Militär entscheidet über die moralische Größe einer Nation. Und jetzt ist ein Neuer da, Naumann, und fragt nach einem neuen Auftrag der Streitkräfte. Kurt, das gibt mir einen Stich ins Herz. Neuer Auftrag – als was? Als Raritätenkabinett, als Veteranenverein?
Offiziere müssen mit 48 Jahren in den Vorruhestand treten. Eine Tragödie, Kurt. Ein Soldat will immer ein Soldat sein – bis zum Ende. Das Höchste ist: auf dem Feld der Ehre fallen. Und nun? Diese seelische Grausamkeit: mit 48 Jahren in den Ruhestand für fünfundsiebzig Prozent der Endbezüge. (Er ringt mit den Tränen.) Das ist doch eines Soldaten unwürdig. Alles nur, weil das Gleichgewicht des Schreckens verloren ist. Rußland pleite, Bush kneift – alles Feiglinge. Mauersoldaten. Da zerren sie diese braven Burschen vor Gericht – weil sie gehorcht haben. Ich bin Oberstleutnant der Bundeswehr. Aber ich ziehe den Hut vor diesen NVA-Soldaten. Wenn der Befehl kommt »Feuer!«, dann hat der Soldat zu schießen. Wo kein Blut fließt, ist auch keine Größe da. Ein braver

»Wo kein Blut fließt, ist auch keine Ehre da!«

Soldat hat niemals zu zweifeln. Auch nicht im Kampf für Führer und Vaterland. Und wenn beim Vormarsch auf den Osten Tausende von Juden massakriert wurden: Der Soldat hat zu gehorchen. Deserteure gehören aufgehängt! Aber auch daran darf ja heute gezweifelt werden. Denkmäler für Feiglinge und Drückeberger. Nee, Kurt – das ist kein Leben mehr.
Bundeswehr für UN-Aufgaben. Weltpolizei mit Franzosen, Itakern und Türken. Deutsche Heeresstrategie verplempert für Kindergartenaufsicht...
Es ist alles so beschämend, Kurt. Dies kleinliche Theater um die paar Milliarden für den Jäger 90. Wir brauchen den Jäger 90 als Symbol für die Wehrhaftigkeit des Menschen schlechthin. Der Jäger 90 ist ein höchstes Kulturgut. Aber nein, Subventionen für Opernhäuser, Kindergärten und was sich kranke Zivilistenhirne noch ausdenken. Für so eine wundervolle Waffe, Kurt, wie den Jäger 90 – da kann man sich seine Feinde ja auch mal suchen...
(Er ist jetzt so besoffen, daß er sich übergeben muß – und wankt raus.)

*

Dagegen war der Herr von der Rüstungsindustrie geradezu locker und heiter. Im März hatte er sich vorsichtshalber erst mal abgesetzt, weil alles so in Aufregung war. Deutsche Firmen, die Rüstungszubehör oder Pläne und so weiter an den Irak geliefert hatten, mußten sich die schlimmsten Vorwürfe anhören. Einige Firmenchefs wurden sogar vorübergehend verhaftet. Obwohl sie sich doch gar keiner Schuld bewußt waren! Der Waffenhandel ist einer der gesündesten Wirtschaftszweige überhaupt! Und das wird er auch bleiben. Im September, als der Rüstungsvertreter wieder zurückkam, war auch schon alles vergessen.

Nach *dem Krieg ist überhaupt die allergrößte Zeit für einen Bomben- und Gewehrevertreter. Es wird dringend Nachschub gebraucht.* Darum *war der Herr an Kurts Tresen so guter Laune…*

Der Rüstungsvertreter
oder Billionen für den Frieden

Tja, da bin ich wieder – zurück in Ihrem Bahnhofskiosk. Viel schneller als gedacht. Hat sich was mit Abtauchen wegen unserer Waffenlieferungen an Irak und Golfkrieg... Ja, hab' ich Ihnen doch erzählt damals. Ich hab' doch hier auf meinen Zug nach Frankfurt gewartet. Nach 'm Golfkrieg hatte meine Geschäftsleitung angeordnet: »Müller-Gerstheim, Sie machen jetzt erst mal 'n schönen Urlaub – weit weg, auf unbestimmte Zeit. Thailand. Haha, meine Frau hat ja nichts gewußt, war ja alles top-secret. Aber geahnt hat sie es. »Du fliegst doch bestimmt wieder nach Thailand und holst dir da was weg.« Hahaha. Es gibt *auch* landschaftliche und kulturelle Schönheiten auf Thailand... Na ja – also hatte meine Geschäftsleitung drauf bestanden: »Sie bleiben so lange auf Urlaub, bis sich die ganze Aufregung wegen Waffen an Irak gelegt hat. Sie spielen für uns den Prügelknaben. Wenn die Journalisten uns jetzt wieder ausfragen – ›Sie haben doch auch an den Irak geliefert?‹ und so – dann sind nur Sie schuld. Hat ganz allein unser Herr Müller-Gerstheim gemacht – und der hat sich abgesetzt, ist nicht auffindbar...«
Tja – ich dachte, ich kann wenigstens ein Jahr die Sause machen. Hatte mir schon so 'ne schwarzhaa-

rige Schönheit zugelegt: Wu-Lai, die Geheimnisvolle. Allerdings: Die Geheimnisse kannte ich alle schon. Da kommt das Telegramm: Sofort Zentrale in Deutschland anrufen! Ich ruf' aus Bangkok an. »Wo bleiben Sie denn, Müller-Gerstheim? Wollen Sie ewig da unten Urlaub machen – oder was?« – Ich sage: »Aber, Chef, ich bin doch Ihr Prügelknabe, denk' ich, ich kann doch noch nicht nach Hause, weil die Journalisten und die Kripo . . .« – »Blödsinn! Alles Schnee von gestern. Menschenskind, alle spielen sie jetzt verrückt im Waffenhandel: die Chinesen, die Japaner, die Amis, die Saudis verdienen wie die Geisteskranken – und da wollen Sie sich noch weiter im Mauseloch verstecken? Mann, Müller-Gerstheim – der Waffenhandel boomt wie noch nie! Alle brauchen sie Nachschub! Kommen Sie sofort zurück!« Na ja, und da bin ich also – und kann endlich meine Arbeit für den Weltfrieden wieder aufnehmen.
Wie bitte? Da lachen Sie? Das ist eben das Vorurteil, mit dem unsereiner leben muß. Niemand begreift, daß wir die eigentlichen Garanten für den Frieden in der Welt sind. Nur weil der Waffenhandel alle friedliebenden Staaten mit Waffen versorgt, können die Menschen in Sicherheit leben. Denn Krisengebiete beliefern wir ja nicht. Nein, Krisengebiete sind ausdrücklich ausgenommen vom Waffenexport!
Nehmen Sie mal den Irak. Jahrzehntelang haben wir ihn mit Waffen beliefert. Weil niemand den Irak für ein Krisengebiet gehalten hat. Das heißt, wir haben es vielleicht geahnt. Irgendwann wird das mal ein

»Erst durch unsere Waffenlieferung läßt sich überhaupt feststellen, ob es sich um ein Krisengebiet handelt oder nicht . . .«

Krisengebiet sein, haben wir uns gesagt. Aber wie kann man das beweisen? Ganz einfach: indem man Waffen an den Irak liefert. Damit er sich sozusagen selbst entlarven kann! Und genau das ist passiert. Hätten wir den Irak nicht beliefert – hätten wir heute nicht den Beweis, daß es sich um ein hochgradiges Krisengebiet handelt. Ist doch klar, Mann. Dadurch aber, daß der Irak sich als Krisengebiet erweisen konnte, haben wir heute die Möglichkeit, ihn nicht mehr zu beliefern. Und dadurch, daß wir ihn nicht mehr beliefern, ist er auch kein Krisengebiet mehr, so daß wir ihn wahrscheinlich bald wieder ... Na gut, da sind wir jetzt noch etwas vorsichtig.

Verstehen Sie? Es geht doch darum: Jedes Land hat das Recht, sich zu verteidigen. Vor ein paar Tagen haben die westlichen Länder grade wieder beschlossen: Es dürfen nur so viel Waffen geliefert werden, wie zur Verteidigung eines Staates notwendig sind. Das Problem ist natürlich: Wieviel Waffen sind das genau? Ich meine: Wann hat ein Land mehr Waffen, als es zur Verteidigung braucht? Es braucht ja immer so viel Waffen, wie der Nachbar auch hat – beziehungsweise: ein paar Waffen mehr. Weil ja nur der Stärkere sich wirklich verteidigen kann. Eins ist klar: Wenn ein Land ein anderes angreift, dann könnte man sagen: stopp! Die haben jetzt mehr Waffen, als sie brauchen. Was ist aber, wenn das Land deswegen angreift, weil der Nachbar schon mehr Waffen hat, als er braucht, so daß die Gefahr besteht, daß der

seinerseits angreift, so daß der Verteidiger dem zuvorkommen muß? Das heißt also: Jedes Land braucht zur Verteidigung unbedingt mehr Waffen, als es zur Verteidigung braucht. Daß ein Land nur so viel Waffen hat, wie es zur Verteidigung braucht, wäre eigentlich nur dann erwiesen, wenn es von seinem Nachbarn schon verwüstet ist. Und das wollen wir uns doch nicht nachsagen lassen: daß wir ein friedliebendes Land seinem Aggressor ausgeliefert haben.
Verstehen Sie, wie kompliziert und verantwortungsvoll unsere Materie ist?
Und da regen sich die Leute nun auf: Über eine Billion Dollar im Jahr gibt die Welt für Rüstung aus. Aber das geschieht doch alles für den Frieden, für die Sicherheit der Völker, für die Verteidigung. Eine Billion Dollar für den Frieden! Da wird doch was bewegt! Hat mir die Firma ja auch gesagt am Telefon: »Müller-Gerstheim, eine Billion Dollar im Jahr! Und Sie vertrödeln Ihre kostbare Zeit in Thailand! Nur ein Krümelchen von dieser Billion, von diesem großen Kuchen brauchen wir, und wir haben ausgesorgt!« Und alles für den edlen Zweck!
Eine Billion Dollar? Können Sie sich als selbständiger Kneipenwirt überhaupt vorstellen, was das ist, 'ne Billion? Das kann man in Bier und Würstchen gar nicht ausdrücken. Tausend mal tausend Dollar – das ist 'ne Million. Tausend mal eine Million – also tausend mal tausend mal tausend Dollar –, das ist erst 'ne Milliarde Dollar. Und jetzt das Ganze wieder mal

tausend – also tausend Milliarden –, das sind tausend mal tausend mal tausend mal tausend Dollar – also eine Million Millionen – das ist 'ne eins mit eins, zwei, drei, vier, fünf, sechs, sieben, acht, neun, zehn, elf, zwölf Nullen, Wahnsinn – kann sich keiner mehr vorstellen. Und so viel geben wir in der Welt aus für den Frieden, für die Verteidigung, nur um festzustellen: Was ist ein Krisengebiet, und was könnte mal eins werden?! Niemand macht sich so verdient um den Frieden wie die Rüstungsindustrie. Haben Sie das jetzt begriffen? Waaas meinen Sie? Einfach überhaupt keine Waffen mehr liefern? An gar kein Land mehr? Jetzt sind Sie durchschaut. Damit sagen Sie ja: daß Sie die ganze Welt zum Krisengebiet erklären! Nee, mein Lieber, danke schön. So kann ja nur ein Kriegstreiber denken!

*

Wenn in der Pause zwischen zwei Tennis-Sätzen Werbung kommt, erweist sich der Segen der Fernbedienung: Man schaltet ein bißchen herum: auf Pro 7 wird geschossen, auf MTV wird gerockt, auf ZDF gibt's Fotos vom Flugzeugabsturz. Wichtig ist nur: daß man rechtzeitig wieder zurück ist beim Tennis. Der geübte »Swatcher« sieht heute ja mühelos einen Softporno, einen Actionfilm und ein bißchen Tagesthemen parallel: Beim Softporno kommt es nur auf die wenigen entscheidenden Augenblicke an, beim Actionfilm kennt man die Handlung aus hundert anderen auch schon im voraus – und bei den Tages-

themen kann man wenigstens den Kommentar ausschalten.
Der Hi-Fi-Freak – wenn er zu Kurt in die Bahnhofskneipe kommt – ist natürlich immer auf dem neuesten Stand. Im Juli '92 war das folgende sein Programm...

Der Hi-Fi-Freak
oder Ganz leicht zu verwechseln

(In poppiger Kleidung mit einer modernen TV-Fernbedienung):
Ich sag' mir immer: Manfred, du darfst nicht hinterm Mond leben. Du mußt auf der Höhe der Zeit sein. Hier – das ist er. Woll'n Sie mal sehn? Ultra-Objekt-Fernbedienung. 964 Funktionen in einem Gerät. Das modernste, was auf'm Markt ist. Damit kann ich TV, CD, DAT-Player, TV-Recorder, MC-Recorder, Tuner – alles aus einer Hand bedienen.
Mal sagen – ich sitz' im Sessel und trink' mit links Bacardi-Cola. Mit rechts schalt' ich, will mal sagen, TV-ARD ein – meinetwegen: Ölkatastrophe im Mittelmeer. Den Ton will ich nicht hören, weil das öde ist. Also werf' ich den DAT-Player an. Dann rüber auf RTL: Krieg in Jugoslawien. Blut und abgetrennte Arme und Beine, aber gleich weiter mit'm Ringfinger auf SAT. 1. Da läuft grade – ich will mal sagen: »Der Super-Gau« mit Charles Bronson. Den will ich aufzeichnen. Kleiner Druck auf den Recorder-Sensor und weiter auf ZDF, wo sie grade – also, ich will mal sagen: die Kurden beim Verhungern zeigen. Früher, das war ja so was von umständlich. Da habe ich doch tatsächlich mit zwei Fernbedienungen gearbeitet. Mit rechts hab' ich zum Beispiel den Tuner angewor-

fen: Verkehrsfunk. Sechzig Tote auf der A2. Und mit links hab' ich mir dazu ein Bild vom Musikkanal MTV runtergeholt. Hab' ich oft gemacht: Ton aus'm Hörfunk, Bild vom TV. Aber immer mit zwei Fernbedienungen. Wenn du dann zwischendurch mal 'n Schluck Bacardi-Cola nehmen willst, mußt du immer irgendwas solange weiterlaufen lassen. Aber jetzt kann ich praktisch vierundzwanzig Programme hintereinander sehen und dazu noch mein Video-Track anwerfen und über DAT-Player die Pet-shop-Boys. Mal sagen: Im dritten geht ein Tanker unter, und das Ölfeld brennt. Auf RTL bricht Panik aus im Fußballstadion. Auf Pro 7 is' 'n Staudammbruch, paar Leichen wirbeln da auf. Aber auf 3 Sat zeigen sie noch einen Original-Autocrash mit hundertzwanzig verkeilten PKW. Jetzt weiß ich ja nicht: Welches davon ist der Spielfilm? Auf Tele 5 läuft 'ne Vergewaltigung. Dazu kann ich mir nun eine Joe-Cocker-Nummer anwählen übern Digital-Wahl-Point – oder ich nehm' heut mal die Oldies von WDR II. Aber inzwischen kann ich immer noch in aller Ruhe und immer nur mit *einer* Hand durchchecken: Auf'm ersten läuft immer noch die Ölkatastrophe mit diesem ölverschmierten Kormoran – denn war das wohl doch live, aber gleichzeitig zeigen sie auch noch die wimmernden Verletzten vom Autocrash – aber die sind jetzt plötzlich auf ZDF, und da gehören sie zu einem Krimi mit Götz George – denn war'n sie wohl auf 3 Sat live. Das kann man ja nur ganz schwer unterscheiden. Kommt ja auch immer drauf an, was du grade sehen willst:

»Also nee – für jede Katastrophe
extra vom Stuhl aufstehen!«

verhungernde Kinder in Somalia, wo schon die Fliegen draufsitzen – in Tagesthemen, oder doch lieber Krieg in Jugoslawien: Hausfrauen mit blutiger Einkaufstasche und abgerissenem Bein. Aber da brauchst du manchmal Minuten, bis du raushast: Was ist nu echt und was nicht? Und wenn du das immer mit zwei Fernbedienungen machen willst, denn kommst du gar nicht mehr zum Trinken.

Neulich hatte ich mich mal gefreut auf einen Reaktor-Krimi, US-Thriller. Ich war über Kopfhörer noch an einer alten Maffay-LP dran – da kommen auf'm Schirm schon die Geigerzählermänner und die Reporter. Ich denk': Das ist der Krimi – und zeichne schon mal auf. Dann geh' ich in 'n Ton rein – und da ist das bloß 'ne Originalreportage aus Tschernobyl, so was Ödes. Aber ganz leicht zu verwechseln. Ganz schlimm war das ja im Golfkrieg. Immer nur dieses Fadenkreuz und paar Rauchwolken und paar Raketen – und das soll nun ein Originalkrieg sein! Nee, da hab' ich mir dann immer den Hörfunk abgerufen und dazu einen alten Vietnam-Streifen vom Video – damit es wenigstens 'n bißchen mehr wie live war!

Übrigens – für Talkshows kannst du die Fernbedienung ja vergessen. Also nee. Meinetwegen SAT.1-Talkshow, und der Töpfer labert da rum. Dann gehst du auf ZDF – schon wieder Talkshow, und wieder labert der Töpfer da rum. Andres Thema, selbe Laberei. Und wenn du jetzt deine Kanäle durchcheckst, denkst du, dein TV ist im Eimer: Auf allen Kanälen dieselben Typen – und immer labert der Töpfer

dazwischen. Oder du weißt nicht: Ist das nun die Uta Ranke-Heinemann auf 3 Sat, auf Talk im Turm oder auf III nach 9? Weil: Die regt sich ja überall gleich auf – und hat immer dasselbe grüne Kleid an.
Aber bei Tutti-Frutti – also da war die Fernbedienung ein wahrer Segen. Ich weiß ja nicht, wie das Ihnen ging – aber mir dauerte das ja immer zu lange, bis diese Superweiber sich endlich ausgezogen hatten. Was interessiert mich der Länderpunkt oder das Gequassel – ich will doch die Titten sehn. Also hab' ich immer noch Zeit, auf SAT. 1 zurückzugehen: Michael Stich beim Matchball. Aber jetzt hab' ich das genau im Gefühl: Jetzt muß es soweit sein, daß die Japanerin auf RTL auf'm Teller steht und sich freimacht. Und tatsächlich: Auf SAT. 1 ist Werbung, und bei Tutti-Frutti die nackten Tatsachen. Also – das ist richtig aufregend, wie auf'm Klavier.
So, ich muß jetzt los. Aber eins wollt ich noch kurz erwähnen – neulich war ich bei 'ner alten Tante von mir. So was Süßes. Die hat einen Fernseher – ich wußte gar nicht, daß es das noch gibt: Da steht sie vom Stuhl auf, geht zu Fuß an das Gerät, drückt auf einen Knopf, geht zu Fuß wieder zurück, setzt sich hin und sieht irgendwas – meinetwegen: der Papst in Polen und wie er Abtreibung mit Judenvergasen verwechselt –, und weil ihr das so gut gefallen hat, will sie das auf ZDF noch mal sehen, geht wieder ans Gerät, drückt, und wieder zurück. Also nee, für jede Katastrophe extra vom Stuhl aufstehen ... Hey!

*

Ein Ehemann am Tresen – wenn er dem Wirt seine Seele ausschüttet –, das ist schon immer eine Nummer für sich. Aber der Single, der eines Tages in die Bahnhofskneipe reingeschneit kam und unbedingt noch einen Schnaps haben mußte, bevor er zur Silberhochzeit ging, der müßte eigentlich für jede Silberhochzeit ein Sonderengagement bekommen: ein deutscher Mann in seiner ganzen Unschuld!...

Der Single
oder Die Silberhochzeit

Nee, hab' ich mir gesagt, Rüdiger, du kannst doch nicht völlig nüchtern auf die Silberhochzeit von Uschi und Dieter gehen. Also – noch 'n Fernet Branca. Stell dir das mal vor! 25 Jahre verheiratet. Daß so was überhaupt erlaubt ist! Müßte doch ein Gesetz geben, daß jede Ehe nach sieben Jahren automatisch geschieden wird. 25 Jahre mit einer Frau. Nee, Kurt. Ich mein': Ich bin gar nicht gegen die Ehe. Nein. Warum? Ich hab' es ja sogar immer versucht. Aber das geht doch gar nicht – weil, die Frau als solche ist überhaupt nicht dafür geeignet.
Wenn ich mir vorstell' zum Beispiel: 25 Jahre verheiratet mit Angelika. Das war meine erste feste Freundin. Vater Kapitän. Also rein von den Mäusen her – keine schlechte Partie. Haus an der Elbe hätte mal ihr gehört. Sie hatte einen leichten Silberblick – aber da konnte man sich dran gewöhnen. Bloß: Mit einmal kriegt sie die Kinderkriegetour. Hat so die Vorstellung: will partout drei Kinder haben. Da hat ich gar nicht mit gerechnet. Ich hatte grad meine Vertretertätigkeit aufgegeben – und war froh, daß ihr Alter uns versorgt hat kontomäßig. Ich mein', wir hätten Reisen machen können und alles – da fängt sie plötzlich an und will, daß wir zusammen Kinder haben.

Ich kann Kinder nicht ausstehen. Geschrei und vollgeschissene Windeln, und ewig sind sie um dich rum und malen die Tapeten an. Das kann doch wohl nicht mein Leben sein. Aber sie damals, das Aas, legt mich rein und ist schwanger. Ich ganz klar: »Das läßt du dir wegmachen, oder wir sind geschiedene Leute.« Da fängt sie an: »Das geht nicht, das wäre ja Mord!« Also da wäre ich bald geplatzt. Nie hat sie was mit der Kirche am Hut gehabt. Hat sich immer lustig gemacht übern Papst und seinen Konditorhut – und mit 'n Mal macht sie ein' auf »Ungeborenes Leben«, und ich würde sie zum Mord anstiften. Bloß weil sie tatsächlich ein Kind wollte. Also die war echt pervers, die Frau. Mit 24 Jahren ein Kind. Also bin ich gezwungen gewesen, das Weite zu suchen. Ich mein': Ich weiß gar nicht, vielleicht hätte ich die Frau ja sogar geheiratet. Ich mach' ja jeden Blödsinn gern mal mit. Aber doch nicht gleich, daß das auf Kinderkriegen hinausläuft.

Na ja – dann gab das ja da als nächstes meine Klavierlehrerin. Klara. Die hätte ich ja geheiratet. Sie hatte ja ein eigenes Einkommen. Klavierlehrerin – gar nicht so schlecht, was so 'n Mädchen da zusammenverdient. Immer schön bar auf die Hand. Ohne Quittung. Bloß: Die war so was von spießig! Hat mich ewig genervt, daß ich trinke. Dabei war ich dazu gezwungen. Wenn sie den ganzen Tag in der Wohnung Unterricht gibt, muß ich mich ja aus'm Staub machen. Ich mein', das war 'ne schöne Zeit. Ich hatte enorm viele Freunde. Wir haben uns jeden Tag einen

auf die Nase gegossen, ist ja klar. Aber dann immer nachts, wenn ich nach Hause komme: »Du hast schon wieder getrunken! Ich kann betrunkene Männer nicht ertragen!« – Und so was will 'ne Künstlerin sein. Hab' ich ihr alles bewiesen: Von Mozart und Schubert bis Helmut Zacharias – alle hatten sie es mit 'n Alkohol. »Sei doch stolz«, hab' ich gesagt, »daß du einen Mann hast, der wenigstens von dieser Seite mit deiner Künstlerexistenz mithält.« Aber sie immer: »Und alles von meinem sauer verdienten Geld!« Ich sag': »Da sieht man mal, was das auf sich hat mit der Gleichberechtigung. Nun gibt es mal einen Mann, der sich finanziell von seiner Frau abhängig macht – und nun ist das auch wieder nicht richtig.« – »Ja bitte«, hat sie dann gemeint, »dann mach doch auch die Küche und die Wohnung.« Haha, ich kann mich beherrschen. »Ich überlass' dir gern deinen Beruf«, hab' ich gesagt, »aber darum nehm' ich dir noch lange nicht deine angeborenen Rechte als Hausfrau weg!« Ja, da wollte sie mir kein Geld mehr geben. Das Ende war: Sie hat das Schloß auswechseln lassen, daß ich nicht mehr rein konnte. Ich mein': Mit der Frau hätt' ich das sonst ausgehalten. Die hätte ich geheiratet. Von mir aus auch für immer. Aber da konnte ich mir nun auch wieder sagen: »An dir hat es nicht gelegen, Rüdiger!«
Nee, Kurt, silberne Hochzeit. So, wie ich mein' Freund Dieter beurteil' – die sind sogar noch glücklich dabei. Furchtbar.
In den Sechzigern, APO-Zeit, hatte ich Lilo. Nix wie

diskutieren und diskutieren – aber meine Wäsche waschen wollte sie nicht. Also was soll das? Bin ich als Mann geboren, daß ich jede Dreckarbeit alleine mache! Und dann: Ihre Eltern wollten nicht mehr bezahlen – wegen »immer nur demonstrieren und nichts leisten«. Also – das Mädchen war auch ein Flop für mich. Wie soll man da jemals 25 Jahre Ehe zusammenkriegen?
Außerdem: Ein Mann ist nun mal von Natur aus für mehrere Frauen gut – und bei Frauen ist das umgekehrt. Rein biologisch, mein' ich. In der Zeit, wo eine Frau schwanger ist, kann ein Mann ja noch hundert andere schwängern – nur als Beweis, daß eine Frau einen gar nicht für sich allein beanspruchen darf.
Ja – oder sie hatten nix an der Hacke. Ich bin einfach weg von der bürgerlichen Vorstellung: Mann ernährt Frau. Lydia war schon 54 – damals 10 Jahre älter als ich. Sie fuhr einen Bentley und hatte ein' Bungalow in Othmarschen. Witwe eines wohlsituierten Hydraulikpumpen-Herstellers. Lydia und ich an der Riviera, Lydia und ich in den Staaten, in allen Hotelbetten der Welt. Aber die war so geizig: Die hat mir nicht mal Zeichnungsberechtigung für ihre Kreditkarte gegeben. Und weil mir immer übel wurde, wenn sie was von mir wollte, war sie denn beleidigt. Also da war ich denn ganz froh, wie das vorbei war, weil, diese Art von Sex – also da kannst du Selbstmordgedanken bei kriegen.
25 Jahre verheiratet – mein lieber Dieter, liebe

Uschi: Ihr wißt ja gar nicht, was euch aus der Nase gegangen ist.

Mit wem ich jetzt leb'? Ky-Lai-Wu. Runde fünftausend Mark plus Flugticket. Ich hatte einfach das Suchen satt. Im Bett ist auch alles paletti. Nee, nee, keine Beanstandung. Sie sagt ja kein Piep dabei – das Mädel. Nur hinterher sagt sie jedesmal: Danke! Also eigentlich ... Bloß – ich hab' das Gefühl, wir passen kulturmäßig nicht zusammen. Ich kann ja keinen Freund mehr in die Wohnung lassen. Überall hat sie ihre Buddhas und Gebetsmühlen, oder was das sind. Mitten bei der Tagesschau muß sie plötzlich in'n Keller und wirft sich auf ihren Gebetsteppich und so Sachen. Aber was mich so richtig stört, das ist: Ich kann sie nirgendwo mit hinnehmen. Weil, unsere Gesellschaft ist noch nicht soweit. Daß man ein multikulturell denkender Mensch ist, das begreifen ja alle diese Spießer nicht. Statt daß du als Vorbild gesehen wirst für Ausländerfreundschaft und so – mußt du dir anhören, du bist ein Menschenhändler und Mädchenaufkäufer. Nee, deswegen will ich sie jetzt auch wieder abstoßen. Mal sehen – das bringt auch noch was. Weil sie ja durch mich jetzt schon so 'n bißchen europäisiert ist. Kann schon Zigaretten holen und die Bild-Zeitung.

Warum erzähl' ich das eigentlich alles? Ach so: weil ich zur silbernen Hochzeit muß. Tja, ich beneide Uschi und Dieter nicht grade – das nu nich', nee. Aber bei mir – ich weiß nicht: Irgendwie hab' ich wohl Pech gehabt. Hab' eben nicht die Richtige gefunden. Aber ich kann mir wenigstens immer sagen: »An dir hat es nicht gelegen, Rüdiger!«

*

Kurt hat auch am Heiligen Abend geöffnet. Da wird er Zufluchtslokal für die vom Schicksal besonders herzlos Geschlagenen. Am Nachmittag des Heiligen Abends 1991 stand der Weihnachtsmann bei Kurt. Er behauptete immer wieder: Nein, er sei kein Studenten-Weihnachtsmann oder dergleichen, sondern der wirkliche, der einzige echte Weihnachtsmann. Damals war gerade der Frauenarzt Theissen aus Memmingen verurteilt worden – das Finanzamt hatte seine Kundenkartei beschlagnahmt und der Staatsanwaltschaft zur Verfügung gestellt. Im Kanzleramt waren Geheimbriefe auf seltsame Weise im Panzerschrank verschwunden. Das muß man wissen, um die schwermütigen Ausführungen des Weihnachtsmanns zu verstehen...

Weihnachtsmann '91
oder In diesem Sinne: Stille Nacht!

Rumgrog! Hmmmmmm! Ob du es glaubst oder nicht, Kurt: Das ist der einzige Grund, warum ich überhaupt vom Himmel hier runterkomm'. Nur wegen des Grogs hier bei dir, Kurt. Das ganze Jahr Nektar saufen, dieses süße Gesöff, das hält doch kein Pferd aus. Hmmmmmm. Dürfen die da oben natürlich nicht wissen. Rauchverbot und Alkoholverbot. Und so was nennt sich Himmel.

Doch, Kurt, du glaubst es mir nicht, ich schwör' es dir jedes Jahr von neuem: Ich bin der einzige, wirkliche echte Originalweihnachtsmann. Aber ist ja auch egal. Ich würde wirklich nicht mehr kommen. Der Job macht doch keine Freude mehr. Nicht mal mehr bei den Kindern. Ach, geh mir doch weg! Ich komm' grad von einer deutschen Durchschnittsfamilie – wo mir die reizenden Kleinen ein Weihnachtslied vorsingen sollten. Morgen kommt der Weihnachtsmann. Die Melodie war noch wie früher. Aber der Text! Weißt du, was die gesungen haben?

(Singt): Hello, alter Weihnachtsmann,
schlepp keine blöde Trommel an.
Ein Rhythmkeyboard fänd' ich stark
mit sechzig Sounds, hundertzwanzig Mark.

Das, alter Knacker, sind unsere Spiele,
und komm uns bloß nicht mit Halma und Mühle!

Und wie ich noch mal so schön und weihnachtlich loslegen wollte: Von drauß' vom Walde komm' ich her – weißt du, was die kleine Göre mir da zugerufen hat?
»Entweder, Alter, du wirst jetzt modern, oder verpiß dich mit Apfel und Mandelkern!«
Und das hab' ich dann auch getan – mich verpißt. Gib mir ruhig noch einen!
Aber noch viel schlimmer sind die Erwachsenen. Daß sie heute alle ausgefallene Wünsche haben – Rasenmäher oder einen Personalcomputer lassen sie sich untern Weihnachtsbaum legen –, das ist ja schon ganz normal. Der diamantenbesetzte Klosettdeckel – da wundert sich ja keiner mehr drüber. Ich muß das auch alles mitmachen – weil sie da oben sonst Angst haben, sie werden nicht mehr ernst genommen. Aber diesmal hab' ich noch einen Haufen andere ärgerliche Fälle – richtige Problemfälle –, wo ich gar nicht weiß, wie ich solche merkwürdigen Wünsche erfüllen soll. Hier zum Beispiel: Wunschzettel von Staatsanwalt Arno Meibauer. Er wünscht sich die Patientenkartei von Dr. med. Gerhard F. Und zwar hat er hier vermerkt: »Dieser Dr. F. hat teilgenommen an einer Straßenblockade, ungenehmigt, weshalb gegen ihn ermittelt wird. Patientenkartei bitte sicherstellen!« Möchte er gründlich unter die Lupe nehmen. Staatsanwalt Arno M. schreibt hier: »Wäre mir eine große

rauszukriegen, was da alles an Sauereien und Verbrechen drinsteckt.« Was sagst du dazu? 'ne Patientenkartei. Wie soll ich denn so was besorgen?
Oder hier – das ist ja auch ein Ding: Sechs Panzerschränke werden gewünscht. Wie soll ich sechs Panzerschränke transportieren? Kann ja mein Schimmel gar nicht ziehen. Wer das ist? Bundeskanzleramt. Zur Ablage persönlich adressierter, nicht gelesener Geheimbriefe, da der vorhandene Panzerschrank bereits von solchen Briefen überquillt...
Ja, danke. Mir wird schon ganz warm von dem Grog.
Oder hier, Kurt: Wunschzettel des Abgeordneten Alfons N. »Ich erbitte mir eine Diätenerhöhung um 600 Prozent sowie ein Altersruhegeld von monatlich 12 000 Mark.« Nicht zu fassen. Begründung schreibt er hier: »Habe diese Erhöhung durch außergewöhnliche Leistung verdient. Bin als Parlamentarier stets meiner Präsenzpflicht im Parlament nachgekommen.« Zusatzvermerk: »Es handelt sich um den einen einsamen Abgeordneten, der bei Fernsehübertragungen immer auf einer der Hinterbänke inmitten gähnender Leere zu sehen ist.«
Und dann hier – dieser Vorgang... Da soll ich nur noch den Boten spielen.
Da war nämlich ein Brief gekommen: An den Weihnachtsmann. Absender: Marokko. Nanu, dachte ich noch – die hab' ich doch gar nicht auf der Liste.
Wir haben nämlich eine Bestimmung oben: Länder, in denen noch gefoltert wird, sind von der Bescherung ausgeschlossen. Also wollte ich den Brief schon

zurückschicken. Da seh' ich – da steht noch klein drunter: An das Auswärtige Amt in Bonn. Hab' ich da angerufen. »Soll ich den Brief gleich wegwerfen? Sie schicken doch bestimmt auch keine Geschenke an Länder, wo noch gefoltert wird.« Da sagt der am Telefon: »Marokko? Doch, doch, die kriegen immer noch Entwicklungshilfe von uns.«
Da hab' ich den Brief hingeschickt – hier das ist die Kopie. Die hatten geschrieben – schön auf Weihnachtspapier und mit aufgemalter Kerze:

»Lieber Bonner Weihnachtsmann,
denk bitte dies Jahr auch daran:
Wir brauchen wieder neue Waffen,
um Frieden hier im Land zu schaffen.
Denn hier bei uns im Untergrunde
versuchen wieder feige Hunde,
das Volk gefährlich aufzuhetzen,
uns Generäle abzusetzen!
Sie predigen dem Volk, es möchte
einfordern seine Menschenrechte.
Gift streun sie in des Volkes Seele:
Jagt sie davon, die Generäle!
Und immer wieder faseln sie
von Freiheit und Demokratie!
Schick uns 'nen bunten Weihnachtsteller
mit Geld für unsre Folterkeller –
schick uns auch solche schönen Sachen,
die Polizisten Freude machen –
wie Wanzen, Sender und Perücken.

Das Überwachen, Unterdrücken.
Das Einsperrn, Quälen und Erpressen,
die Durchführung von Scheinprozessen,
das Niedermetzeln von Passanten
und Anti-Junta-Demonstranten –
du ahnst nicht, lieber Weihnachtsmann,
wie teuer so was werden kann.
Drum hoffen wir auch dies Jahr stark
auf deine gute deutsche Mark!«

Und du wirst es nicht glauben, Kurt – ein paar Tage später kommt die Antwort aus Bonn an den Weihnachtsmann mit der Bitte um Weiterleitung: An unsere Freunde, die Marokkaner. Hier, das ist das Schreiben – das soll ich überbringen:

»Christ, der Heiland, ist erschienen.
Die Bundesregierung übersendet Ihnen
wieder, wie schon alle Jahr,
Ihre Millionen, ist doch klar.
Wir als christliche Partei
finden weiter nichts dabei,
das Militär zu unterstützen.
Es soll das Volk nur schön beschützen.
Wer immer gut sein Volk bewacht,
der bleibt auch lange an der Macht!
In diesem Sinne: Stille Nacht!

Ihre Bonner Weihnachtsmänner
vom Auswärtigen Amt.«

*

Nach einer Repräsentativbefragung der GEWIS wurde kürzlich bekannt: Ca. 40 Prozent der Autofahrer sehen z. B. am Ferienanfang dem Stau auf der Autobahn völlig gelassen entgegen – der Großteil hat sogar eine geheime »Lust am Stau«. Vor Jahren habe ich einmal in »scheibnerweise« die Begegnungsstätte Stau geschildert: Man spielt Skat auf der Autobahn, man feiert improvisierte Feste, man lernt sich kennen, man tauscht Proviant aus usw. – Aber so geht's eben der Satire oft: Nichts ist so absurd – als daß es nicht Wirklichkeit werden könnte.
Bei Kurt in der Bahnhofskneipe tauchte im vergangenen Frühjahr ein fröhlicher städtischer Beamter auf, der von seiner Beschäftigung begeistert war. Inzwischen bin ich überzeugt, daß er uns keineswegs ein Märchen erzählen wollte, sondern daß die morgendlichen und abendlichen Großstadt-Staus überhaupt nur auf diese Weise zu erklären sind...

Der Typ vom Bauamt
oder Baustellenpoker

(Beamter tritt mit einem Transistorradio an die Theke): Ich hätte gern ein Wasser. Muß auf die S-Bahn warten. Augenblick, entschuldigen Sie, ich muß mal eben die Verkehrsnachrichten hören. Ist wichtig für mich.
(Aus dem Transistorradio Verkehrsfunksignal, dann die Ansagerin): »NDR-Verkehrsfunk meldet: zähflüssiger beziehungsweise stillstehender Verkehr auf allen Einfallstraßen. Stauungen in Gesamtlänge von zirka fünfzig Kilometern. Elbbrücken zwischen Veddel und Heidenkampsweg – bis Große Reichenstraße kommt der Verkehr vollständig zum Erliegen ...«
Hahaha! Das ist Alfred Möller. Er hat den Frühdienst. Da sammelt er schon wieder Punkte, der alte Gauner! – Ja, das ist so! Wir sind alle vom Bauamt. Zuständig für Straßenbau und Verkehrsführung. Früher haben wir das selber für einen öden Job gehalten. Aber inzwischen haben wir gemerkt, das kann ja eine Riesengaudi sein ... Augenblick mal, ich muß noch mal hören, da kommt noch was:
(Ansagerin aus dem Radio): »Hier meldet sich noch einmal der Verkehrsfunk. Vier Kilometer Stau auf der A7, Auffahrt Heimfeld bis zum Elbtunnel. Dem Verkehr steht nur noch eine Fahrbahn zur Verfügung.«

SONY
SPACE SOUND

»Früher haben wir ja immer nur Schiffe-Versenken gespielt auf der Behörde . . .«

Ohohoho! Das ist Heinz Goedeler! Der Junge ist ja gnadenlos. Er hatte es schon angekündigt. Er will den Elbtunnel heut mal von beiden Seiten dichtmachen! – Hahahaha!
Also, ich erklär' Ihnen das jetzt mal: Früher haben wir ja immer nur Schiffe-Versenken gespielt auf'm Amt. Aber das macht ja schließlich jeder. Auf die Dauer ist das ja blöde. Aber dann hatten wir mal eines Tages eine ganz einfache Gasleitungsreparatur auszuschildern in St. Georg – und da haben wir auf'm Stadtplan gesehen: Mensch, da kann man ja praktisch das ganze Viertel zu einem Labyrinth für die Autofahrer machen. Braucht man nur eine Umleitung von der Umleitung in noch eine Umleitung zu legen, vielleicht kleines Einbahnstraßenschild und kleine Ampel – also, da kommen die nie wieder raus aus dem Viertel, die Autofahrer. Na, das haben wir denn gemacht – Verkehrsmühle haben wir das genannt. Einmal mußte ein Autofahrer direkt von der Polizeiwache in die Klapsmühle eingeliefert werden. Also zuuu schön! Aber Verkehrsmühle war eben nur der Anfang. Das spielen heute nur noch so alte Innendienstknacker. Viel schärfer ist jetzt Baustellenpoker – wir lachen uns kaputt. Augenblick, ich muß noch mal reinhören:
(Aus dem Radio wieder der Verkehrsfunk): »Soeben meldet die Polizei: Jetzt auch fünf Kilometer Stau auf der B5 in Richtung Billstedt. Infolge Baustelle wegen Sielbauarbeiten an der Autobahnauffahrt . . .«
Hahahahaha! Das ist Ernst Sommer. Soll ich Ihnen

was verraten? Da ist gar kein Siel! Aber er läßt die Auffahrt absperren. O Mann, o Mann! – Also Baustellenpoker, das geht so: Jeden Nachmittag kriegt jeder von uns eine Haupteinfallstraße zugeteilt – also, das knobeln wir aus. Dann geben wir Anweisung: Morgen früh um fünf Uhr Baustelle einrichten. Also zum Beispiel Fahrbahnverengung auf einspurig oder Fahrbahnverschwenkung auf Gegenspur – und das Ganze immer als wandernde Baustelle. Wir sind ja über Funk mit der Baustelle verbunden – und können dadurch dann immer noch verschärfen, zum Beispiel in der Rush-hour. Ja, wenn vielleicht nur drei Kilometer Stau entstanden sind, dann können wir das Ganze noch mal über eine Nebenstraße umleiten, kleine Ampel aufstellen lassen mit Dreiminutentakt – also, ich sag' Ihnen: Dann bricht ganz Hamburg zusammen bis rauf nach Norderstedt! – Und was wir übrigens immer noch gerne machen – als Joker: Müllwageneinsatz am Baustellenende! Hahahaha! Wie bitte? Was das alles für einen Sinn hat? Na, wer die meisten Punkte hat natürlich! Pro Staukilometer gibt's schon mal 5 Punkte. Autofahrer mit Nervenzusammenbruch und Krankenwageneinsatz: 25 Punkte. Weil: Krankenwageneinsatz verschärft ja wieder den Stau! – Aber das Hauptziel ist natürlich: Autofahrer zum Amoklaufen zu bringen. Fahrer, die schreiend rausspringen und um sich schlagen: 60 Punkte! Augenblick – da kommt jetzt noch was:
(Aus dem Radio der Verkehrsfunk): »Hier meldet sich wieder der Verkehrsfunk. Die Wilhelmsburger

Reichsstraße ist infolge eines Unfalls vor der Baustelle in beiden Richtungen ...«
Ohohohohoho! Ingo hat 'nen General! Unfall ist das Größte! 180 Punkte! – So, ich muß jetzt los. (Zahlt sein Wasser) Aber heute abend müssen Sie mal Verkehrsfunk hören:
Ich hab' mit Manfred Leier die Rückrunde: Feierabend-Ausfallstraßen-Baustellenpoker!
Tschüüüüüs!!!

*

Die Aufregung war groß – wegen der Stasi-Akten. Wolf Biermann nannte einen gewissen Anderson »ein Arschloch« – und die Intelligenzia war zutiefst entrüstet. Lüge, Verrat, Heuchelei, Verpetzen – das sind alles abscheuliche Taten, allerdings nur, wenn sie von ideologisch ahnungslosen Menschen begangen werden. Verrat, Lüge usw. im Dienste einer höheren Idee – sind irgendwie immer gerechtfertigt.
Zwei Gäste tauchten bei Kurt in der Kneipe auf, die sich über dieses Thema besonders aufregten – der Schriftsetzer und der Bauarbeiter ...

Der Schriftsetzer

oder Gänsehaut

O Mann, Kurt, wenn man das liest! Was da jetzt alles an Verrat und Lüge hochkommt. Durch die Stasi-Akten, mein' ich. Mann, o Mann, da kriegt man ja 'ne Gänsehaut. Ich bin Schriftsetzer, Kurt. Stell dir vor: Dein alter Stammgast, dein bester Freund, deine eigene Frau liegen jeden Tag auf der Lauer, wie sie dich den Stasi-Hunden in die Fänge liefern können... Oder dein Nachbar, dem du so vertraut hast, daß du ihm Witze über Hony erzählt hast – der hat nix Besseres zu tun gehabt, als alles gleich zu melden. Und mit einemmal wird dir klar, darum also durftest du nie nach Lüneburg fahren, auch damals nicht, als deine Mutter im Sterben lag... Ich könnt' mich immer besaufen, wenn ich das les'. Aus Freude. Aus Freude, Kurt, daß wir hier bei uns halbwegs freie Verhältnisse hatten. Wenn ich mir bloß vorstell', wie schnell Herr Meyer-Steger bei der Stasi gewesen wäre, als ich damals bei den Antiatomkraft-Demos dabei war. Also, das war 'n Kollege von mir. Immer sauber angezogen mit Schlips und weißem Oberhemd. Der hat alles versucht, mich beim Chef anzuschwärzen, wollte zu gern selber Gruppenleiter werden. Hat Kopien von Privatbriefen aus meinem Papierkorb geklaut und wieder aufgebügelt und sie

ans Sekretariat geschickt. Wir haben alle furchtbar gelacht über Meyer-Steger. Arme Sau irgendwie. Aber wenn ich mir vorstell', der hätte mit allem, was er über mich weiß, was ich denk' und tu', zur Stasi laufen können – dann wäre ich bestimmt in Bautzen gelandet. Verstehst du, Kurt – mir geht das jetzt wieder so: Ich guck' mir meine Nachbarn an. Ich will ja niemanden verdächtigen – aber mein lieber Mann, wenn so mancher könnte, wie er möchte ... Brrrrr. Gib mir noch einen.
Und wenn ich dann les', wie die Beschwichtiger sich melden: Dieser famose Minister Diestel zum Beispiel. »Am besten sollte man die Archive gar nicht zur Einsicht freigeben.« Oder dieses blöde Argument: Wer jetzt die Täter bloßstellt, der hilft im nachhinein der Stasi. So 'n Quatsch! Ich helfe dem Verbrecher, wenn ich seine Komplizen nenne? Komisch. So was sagen sogenannte kluge Leute, Dichter und hochgeistige Zeitgenossen, die Intelligenzia. Nee, Kurt. So tun, als wenn alles nur halb so schlimm war – das wär' nichts für mich.
Hab' ich dir schon mal die Geschichte von meinem Opa Heidorn erzählt? Nee? Du denkst vielleicht, was hat das mit der Stasi und sozialistischem Überwachungsstaat zu tun. Opa Heidorn ist schon paar Jährchen tot. Er war ein alter Dickschädel, Sozialdemokrat durch und durch. Gewerkschaftler. Hat nach 'm Krieg immer noch bei der Pro gekauft, als die schon teurer war als der Sparladen. Immer Treue und Arbeiterfreundschaft. Ein Jahr vor Ende des Krieges

kam die Gestapo in sein kleines Einfamilienhaus in Niendorf. Schlug alles kurz und klein, stellte das Haus auf den Kopf. Im Stall haben sie das Schwein gefunden, das Opa Heidorn heimlich aufgefüttert hatte, damit die Kinder überhaupt mal was zu fressen hatten. Aber außerdem fanden sie ein kommunistisches Flugblatt von Opas Sohn Axel. Opa Heidorn haben sie nächtelang verhört und geschlagen – aber dann wieder freigelassen. Den Sohn aber, den haben sie ins KZ gebracht. Opa Heidorn hat nie wieder ein Lebenszeichen von ihm erhalten.
Wie? Ja, das war's ja grade: Sein Nachbar hat ihn denunziert! Glüse hieß das Schwein. PG. Hat sich sogar damit gebrüstet, daß er Opa Heidorn angezeigt hat. Was meinst du? Nee, natürlich war das nichts Außergewöhnliches. Solche Fälle gab es Zigtausende! Und noch viel abscheulichere. Ich erzähl' das auch nur – wegen später. Ich hab' Opa Heidorn ja erst später kennengelernt, nach dem Krieg. Als ich seine Enkeltochter geheiratet hab'. Und da hab' ich Opa Heidorn immer zu Weihnachten bewundert. Immer hat die Familie auf ihn eingeredet: Du mußt auch mal vergessen können, Opa. Herr Glüse, unser Nachbar, hat uns eingeladen. Auf 'n zweiten Weihnachtstag sollen wir rüberkommen und auf gute Nachbarschaft anstoßen. Aber Opa Heidorn hat bloß mit'm Kopf geschüttelt: »Schall Gott em vergeven, ik do dat nich!« – »Opa ist ein starrsinniger alter Mann«, haben sie immer gesagt. »Man muß doch auch mal bedenken, daß es eine andere Zeit war bei den Nazis. Und

»Schall Gott em vergeven. Ik do dat nich!«

wenn Glüse ihn nicht angezeigt hätte, hätte er, der Glüse, vielleicht selber Schwierigkeiten bekommen.« Oder: »Jetzt haben die Nazis ja noch hinterher ihr Ziel erreicht, weil sie zwei Nachbarn auf alle Zeiten entzweit haben« – und lauter solche Beschwichtigungen. »Schall Gott em vergeven, ik do dat nich«, hat Opa Heidorn gesagt. Als der Glüse im Sterben lag, hat er tatsächlich nach Opa Heidorn gefragt – er hätte ihm was zu sagen. Aber Opa Heidorn hat gesagt: »Schall Gott em vergeven, ik do dat nich!«

Ja, einen nehm' ich noch.

Wie ich das gemeint hab? Ich mein' damit, Kurt, daß wir uns hier im Westen nun wirklich nicht einzubilden brauchen, wir sind die besseren Menschen. Es ist einfach nur so, daß bei uns so karrieregeile Typen, die sonst über Leichen gehen, doch nicht so richtig können, wie sie möchten. Aber ansonsten – guck doch in die Zeitung: Jeder, der mal 'n bißchen Rückgrat zeigt, wird eingemacht. Kannst du jeden Tag irgendwas lesen: Hier – dieser Major Prieß. Hast das nicht mitgekriegt? Hat ein Papier unterschrieben, wo drinstand – warum das eigentlich so falsch sein soll, wenn einer sagt: »Soldaten sind potentielle Mörder. Zum Beispiel, wenn sie wirklich mal Atomwaffen einsetzen, kann niemand verhindern, daß massenweise Unschuldige sterben müssen«, usw. Hat einfach nur seine Meinung gesagt. Und war überhaupt einer, der das ganze Soldatsein kritisch betrachtet hat. Daß der Soldat nicht irgendein willenloses Vieh sein soll, sondern selbst zu verantworten hat, ob er gehorcht oder

nicht. – O wei, o wei, das war natürlich wieder zuviel Meinungsfreiheit. Verteidigungsminister Stoltenberg hat ihn degradieren lassen und Verwarnung – er untergräbt das Ansehen der Bundeswehr. Denn bei der Bundeswehr hat man nicht selber zu denken!
Ist ja nichts Besonderes. Aber verstehst du, Kurt, wenn ich dann diese Stasi-Geschichte seh', dann krieg' ich 'ne Gänsehaut. Das ist doch derselbe Geist – nur daß sie nicht so dürfen, wie sie möchten. Da lauert doch die Brut des Drachen.
Und so liest du jeden Tag was bei uns. Wenn mal 'n paar Juristen aufmucken: Atomraketen sollen abgerüstet werden aus Mutlangen. Schon kommt der Richterbund und sagt: Böse, böse! Richter sollen nicht selber denken, sondern immer schön die Schnauze halten und nur Gesetze anwenden – wie Computer! Damit haben sie nach dem Krieg alle Blutrichter des III. Reiches reingewaschen. Stell dir vor, das passiert in einem Stasi-Staat – daß Richter gegen die Rüstung sind! Die würden jetzt alle in Bautzen sitzen. Das heißt – jetzt nicht mehr. Gott sei Dank. Oder Ärzte. Ärzte gegen den Atomkrieg. Ja – sie haben den Nobelpreis gekriegt. Aber der Deutsche Ärztebund wollte sie am liebsten alle rauswerfen. Schade, daß man sie nicht bei der Stasi anzeigen konnte ...
Wie? Was meinst du? Das kann man ja nicht beweisen – weil's ja eben bei uns keine Stasi gibt. Ja – da hast du recht, Kurt. Deswegen denk' ich auch: Einen kleinen Trost haben sie wenigstens, unsere ostdeutschen Landsleute: Wenigstens ist einmal so richtig

penibel dokumentiert und archiviert worden, was der Mensch für ein Ungeheuer sein kann! Von solchen Ungeheuern aber, Kurt, sind wir hier und überall umgeben. Ich kenn' einen Berufsdrucker aus Pinneberg, der wollte keine naziverherrlichenden Schriften drucken für seinen Chef. Da hat der Chef ihn wegen Arbeitsverweigerung entlassen. Sechs Jahre hat er hin- und herprozessiert in unserem freiheitlichen Staat! Wenn einer mal Rückgrat beweist – dann wird er eingemacht. Zum, Glück gibt's keine Stasi hier. Der Drucker würde vielleicht schon lange nicht mehr drucken – oder vielleicht doch – weil er den Druck nicht mehr ausgehalten hätte.
Einen allerletzten, Kurt. Gegen meine Gänsehaut!

Der Bauarbeiter
oder Die guten Vorsätze

Ja, du hast richtig gehört, Kurt: auch noch ein' Korn zu dem Bier! Meine guten Vorsätze? Zum Teufel sind sie. Das mußte ja so kommen. Weil, Waltraut, also meine geliebte Ehegattin, mußt du wissen – die hat ja nur drauf gelauert, daß ich umkipp'. Und als liebender Ehemann nehm' ich nun mal jede Gelegenheit wahr, ihr eine Freude zu machen. Jawohl: Ich hatte mir vorgenommen: '92 ein ganzes Jahr kein Alkohol, ein ganzes Jahr keine Zigarette – und zu meinem Weibe kein böses Wort mehr und nicht mehr fluchen! Gute Vorsätze eben – wie doch fast jeder! Und nun paß auf: Gestern abend hol' ich mir zum Abendbrot ein kleines Bier aus'm Kühlschrank. Einfach nur, weil ich Durst hatte. Da sitzt sie da am Tisch und grinst. Ich sag': »Was grinst du denn so?« – »Grins' ich?« sagt sie. – »Ja, du grinst«, sag' ich. »Hör auf zu grinsen!«
»Ein ganzes Jahr kein Alkohol«, sagt sie da – so in diesem gehässigen Ton, ne. »So also sieht das aus mit deinen guten Vorsätzen zum neuen Jahr.«
Ich noch ganz ruhig: »Wie ich meine guten Vorsätze verwirkliche, das ist ja wohl meine Sache!« Aber sie so schnippisch wie immer: »Gute Vorsätze fassen kann jeder – aber sich dann auch daran halten, das ist das Schwere.«

»Was ich mit meinen guten Vorsätzen mache, ist doch ganz allein meine Sache – oder?«

Und das ist das, Kurt, das kann ich auf'n Tod nicht vertragen: dieses Beobachtet-Werden. Ich sage: »Ich hab' doch nicht dir versprochen, nicht mehr zu trinken und zu rauchen, sondern mir! Was ich mit einem Versprechen mache, das ich mir selber gebe, das ist immer noch meine Sache! Du sitzt da und grinst und willst mir einreden, daß ich mein Versprechen brech', bloß weil ich ein kleines Bier trink'. Weil du dich schon richtig drauf gefreut hast, daß ich schwach werde.« Aber sie: »Das ist eine Frage des Charakters! Mit dem ersten Bier ist dein Gelübde gebrochen.« Ich sag': »Leb' ich etwa im Kloster, oder was? Leck mich doch am ... du alte Hexe!« – »Ein Jahr wolltest du kein böses Wort mehr zu mir sagen!« sagt sie richtig genüßlich und lächelt dabei. Da mußte ich mir sofort 'ne Zigarette anstecken, sonst hätt' ich mich vergessen! »Ach, ach!« lacht sie – »und ein ganzes Jahr nicht mehr rauchen!«
Da hab' ich die halbe Flasche Wodka weggekippt, eine Schachtel Zigaretten verqualmt – und hab' gesagt: »Du kannst mir mal im Mondschein begegnen, du Moralapostel, du!« – Das war das schlimmste Schimpfwort, das mir eingefallen ist. Inzwischen haben wir uns wieder vertragen. Ich bin ihr echt dankbar. Ich hatte doch einfach ein Rad ab, Silvester, mir so was vorzunehmen. Jetzt werd' ich sogar trotzdem bißchen kürzer treten – aber nicht mit diesem moralischen Druck, weiß du, als wenn du wie so 'n Heiliger rumlaufen mußt oder Asket, oder wie das heißt ...

Solche Leute kann ich doch sowieso nicht ausstehen – die mit dem moralischen Heiligenschein. Das stinkt mir ja auch immer so an Politikern, wenn sie von irgendwelchen höheren Werten rumfaseln, statt einfach nur dafür einzutreten, daß die Welt für alle wenigstens erträglich wird. Oder, da fällt mir noch was ein – mit diesem Wolf Biermann! Ja, ich interessier' mich dafür. Auch wenn ich bloß der Bauarbeiter Ewald Müller bin. Also das ist auch so 'n Fall – weißt du, das kommt mir genau so vor wie ich und meine guten Vorsätze und meine Waltraut. Ich hab' den Kerl ja früher nie so richtig gemocht. Ich mein': Daß er damals nicht gekniffen hat vor den Schweinehunden von der Stasi – davor hab' ich immer den Hut gezogen. Aber wie er dann immer trotzdem den großen moralischen Oberpriester gemacht hat und gesungen hat (hab' ja alle Platten zu Haus von diesem Schnauzbart): »So oder so – die Erde wird rot, entweder lebenrot oder totrot« – hab' ich immer gedacht: Der hat sie nicht alle. Mit Gewalt die Menschheit glücklich machen, das wird nie was, und ausbaden muß so was immer nur der kleine Mann. – Und denn ist das ja auch in die Hose gegangen mit der Weltbeglückung. Aber da hat dieser Biermann das wenigstens eingesehen. Und hat gesagt: »O Gott, was hab' ich da bloß für eine Scheiße geredet die ganze Zeit. Ich will nie mehr was mit Leuten zu tun haben, die ganz genau wissen, wie die Menschheit gefälligst glücklich zu werden hat.« – »Nur wer sich ändert, bleibt sich treu«, hat er jetzt gesungen, der Junge.

Und das find' ich wieder in Ordnung. Genauso wie ich zu meiner Waltraut gesagt hab: »Ich hab' mich eben übernommen Silvester. So ist das nun mal. Und darum korrigier' ich mich. Wir sind doch Menschen, denk' ich, und keine Heiligen.« Und wenn so einer wie der Wolf Biermann das denn auch öffentlich zugibt, das find' ich ehrlich, und gehört auch Mut dazu, alle seine Fans vors Schienbein zu treten. Hat auch die Zunge auf 'n richtigen Fleck, oder wie das heißt. Sagt schon mal Arschloch, wenn er merkt, daß ein sogenannter Freund ihn jahrelang bei der Geheimpolizei verpetzt hat. Aber dadurch – o Gott, o Gott – hat er nun natürlich verschissen bei all den andern intellektuellen Sauertöpfen, die das nicht begreifen wollen! Ziehen sie über den Wolf Biermann her. »Wie kannst du einen Dichter ein Arschloch nennen, bloß weil er seine Kollegen – für hin und wieder mal einen Reisepaß – der Stasi in die Mangel geliefert hat!« Sagt ja nun sogar dieser Opa Günter Grass.

O Mann, Kurt, die reden immer von einer *besseren Welt*, daß sie mit Rückgrat dafür eintreten, und in Wirklichkeit verkaufen sie sich für 'n paar Streicheleinheiten an die Funktionärsärsche. Aber immer noch: Wir haben die Weisheit gepachtet.

Nee, ich weiß nicht, vielleicht hat das gar nichts mehr zu tun mit meiner Waltraut und meinen guten Vorsätzen.

Jetzt trink' ich noch einen doppelten Korn auf Wolf Biermann. Lieber jeden Tag wieder von vorn anfangen mit guten Vorsätzen, als sich fürs Leben sicher sein, daß man sich nie mehr irren kann! Prost!

*

Unheimlich ist: Die Stadtstreicher, die zu Kurt in die Kneipe kommen, werden immer zahlreicher. Aber der Typ des »Monarchen« wird immer seltener. Der »Monarch« war noch dem »Clochard« in Paris vergleichbar – sein Anblick hatte gewiß nichts »Romantisches«, aber er war doch immer irgendwie eine »klassische Figur«. Der Obdachlose von heute – der vor ein paar Tagen noch arbeitsloser Familienvater war – hat nichts Philosophisches, nichts vom alten Diogenes mehr an sich ...

Der Monarch
oder die Ratten werden neidisch

Einmal deine Ochsenschwanzsuppe, Chef. Ich kann bezahlen. Hab' ich mir schon drei Tage vorgenommen: einmal wieder deine Ochsenschwanzsuppe, da würde ich das beste Menü im Hotel Vier Jahreszeiten für stehenlassen. Wie? Ich *will* aber bezahlen. Glaubst, ich hab' kein Stolz, oder was? Wozu spar' ich denn sonst auf deine Suppe. Der Mensch muß doch 'n Ziel haben. Wie? Na gut, 'n Bier nehm' ich an.
Was meinst du, Kurt – kommt jetzt die ganz große Armut? Hier auf 'n Bahnhof kriegst du manche Nacht nicht mal mehr 'n Platz auf 'n Stück trockenem Beton. Alles voll. Und jeden Tag werden es mehr. Jeden Tag liegen mehr auf der Straße.
Decken sich mit der Zeitung zu, verkriechen sich im Pappkarton. Wer 'n Schlafsack besitzt, ist ein König. Das ist richtig unheimlich, Kurt: Früher war'n wir Monarchen anders als die andern, verstehst du. Ich mein': Als Monarch warst du 'n Außenseiter. Fast wie 'n Künstler – oder Philosoph. Ich zum Beispiel hatte mich runtergesoffen damals – aber mit Absicht. Ich wär' nicht mal zurückgegangen, wenn sie mich auf Knien gebeten hätte. Wer? Ach, laß man. Ich wollte nicht mehr, verstehst du. Aber heute: Da liegen Leute neben dir, die vor'm Jahr vielleicht noch über

dich gelacht haben. Familienväter, eben war'n sie noch fest angestellt. Plötzlich werden sie mit vier Kindern aus der Wohnung geschmissen. Die begreifen noch gar nichts. Die liegen in der U-Bahn und halten das noch für 'n Abenteuerurlaub. Aber aus dem Urlaub kommst du nie mehr zurück, das kannst du mir glauben. Richtig unheimlich ist das, Kurt, das geht nämlich um den ganzen Erdball rum, überall immer mehr arme Schlucker – New York und London und Rio und Marseille und Bangladesh. Wir sind eine riesengroße Armee, Kurt – aber eine ohne Waffen. Wir sind die große Armutsarmee auf den Straßen der Welt. Das Elend der Erde. Es wird immer größer, es nimmt jeden Tag zu. Also für mich persönlich ist das sozusagen eine »positive Entwicklung«. 'n Außenseiter bin ich schon lange nicht mehr. Kannst du glauben, daß zum Beispiel in Hamburg fünfzigtausend Menschen kein Dach mehr überm Kopf haben? Fünfzigtausend, Kurt! Nicht fünftausend. In der reichsten Stadt in Deutschland. Ja, eins haben wir Armen mit den Reichen absolut gemeinsam: Jeden Tag werden wir mehr. Hä.
Aber wenn du das dann siehst, Kurt – all die teuren Schlitten oder die Bürotürme aus Alu und Glas, vierzehn Stockwerke hoch – und goldene Fahrstühle; wie im Märchen schweben sie da hoch und runter. Oder diese Ladenpassagen, Mann, o Mann, da darfst du als Monarch wie ich gar nicht durchgehen – eine Pracht, daß du denkst, du bist im Himmel, bloß daß du nirgends randarfst. Licht und Glanz und Eleganz,

Luxus und die erlesensten Sachen, wie sie nicht mal ein König früher gehabt hat. Überall Geld, Geld und Reichtum. Funkelnagelneue Ladenpassagen werden wieder umgebaut – bloß so, damit sie mal anders aussehen. Und wenn du durch die Straßen gehst: die Häuser immer prächtiger. Badezimmer siehst du in den Schaufernstern mit goldenen Wasserhähnen – Marmor und Luxus, wohin du guckst. Dann fragst du dich: Was ist eigentlich los? Ist nun die große Armut ausgebrochen rund um den Erdball – oder der große Reichtum? – Ja, ein Bier nehm' ich noch an, Kurt. – Aber was ist nun eigentlich die Gefahr, Kurt? Die Armut oder der Reichtum? Neulich hab' ich mit einem darüber gesprochen, das war 'n Ossi. Ja, die kommen jetzt auch alle zu uns unter die Brücke. »Armut, das geht ja noch«, hat er gesagt, »Armut richtet die Erde nicht zugrunde. Mit Armut kommt kein Leben um. Bloß Reichtum«, sagt er – »das ist gefährlich!!!«
Denk mal zum Beispiel an das Ozonloch. Also, ich fürcht' mich nicht davor. Aber ich hab' das auch nicht gemacht. Das Ozonloch – also daß sie sozusagen der guten alten Erde die Haut abziehen, oder wie du das nennen willst –, das gibt das, weil das immer mehr Autos gibt und immer mehr Sprays und teure Kunststoffartikel und Kühlschränke und Gefriertruhen. Dafür ruiniert sich der Mensch! Dafür macht er die Erde kaputt. Das ist der Lebensinhalt: Autos, Hi-Fi und Kühlschränke. Jeden Tag mehr Autos, mehr Beton in der Landschaft, mehr Müll, mehr Gift – und weniger Natur.

Ich vergrößer' das Ozonloch nicht! Ich hab' kein Duftspray und kein Rasierschaumspray. Ich hab' auch keinen Kühlschrank. Mir ist schon kalt genug, ich hab' keine Wohnung und kein Auto – vor mir braucht die Natur sich nicht zu fürchten. Spülmittel hab' ich übrigens auch nicht. Ein Kollege aus Mainz – dem haben sie die Sozialhilfe gekürzt. Statt 450 Mark nur noch 340! Begründung: Als Obdachloser führt er ja auch keinen Haushalt, also braucht er auch kein Geld für Geschirrspülmittel, Scheuertuch oder den Betrieb elektrischer Geräte.
Sauerei? Weißt du, was ich denke, Kurt – das ist vielleicht zur Rettung der Erde. Sie fangen jetzt an, direkt die Armut zu subventionieren. Und Armut subventioniert man, indem man ihr weniger gibt und nicht mehr. Armut ist das einzige, was immer größer wird, je weniger es hat. Und weil Armut die Umwelt nicht zerstört, wird sie jetzt gefördert. – Wer kein Geld für Spülmittel hat, kommt gar nicht erst in die Versuchung, sich welche zu kaufen. Das ist doch konsequent. Nee, Kurt, man muß die Armut immer weiter fördern. Wer in Armut lebt, zerstört die Erde nicht! Wer sich grad so eben und eben über Wasser hält, verursacht auch keine Müllprobleme. Im Gegenteil, Kurt: Ich leb' ja sogar aus 'n Müll. Wir sind die einzigen, die den Müll sogar noch abbauen. Daß die Ratten schon langsam neidisch werden – aber die sollen sich vorsehen: Die fressen wir alle als nächstes.
Weißt, was ich denke: Karl Marx hatte nicht begrif-

fen, daß nur die Armut die Erde rettet. Man muß die Armut nicht bekämpfen, sondern vergrößern. Jeder mit 'n bißchen Reichtum heute hat irgendwie ein schlechtes Gewissen. Oder müßte jedenfalls eins haben. Weil, jeder, der mehr Wohlstand will, jeder, der sich nur 'n Auto kauft, läßt das Räderwerk schneller laufen, das den Erdball kaputtmacht:
Nur wir nicht, Kurt! Bloß die gar nichts haben, machen auch nicht mit beim großen Ausverkauf der Erde!
»Du bist Umweltschützer«, hab' ich neulich mal zu einem jungen Mann gesagt, »das ist ja sehr ehrenwert. Aber ich bin arm. Vor mir braucht die Natur nicht geschützt zu werden.«
Man könnt eigentlich stolz auf sich sein – wenn es nicht so beschissen wär'!

*

Auf dem Bahnhof, in der Bahnhofskneipe weht auch immer so ein gewisses Fernweh durch den Raum. Einmal war ein junger Mann zu Kurt an den Tresen geflüchtet – er hatte sich zuerst hinterm Garderobenständer versteckt, damit die Bahnhofspolizei ihn nicht findet. Er war von der einfahrenden S-Bahn abgesprungen. Aber vom Dach... Es war einer von den waghalsigen jungen Leuten, die während der Fahrt aus der Tür rausklettern, sich außen am Waggon längshängeln, nur so aus Sport und aus Angabe... »Da weißt du, daß du lebst«, sagte der Junge. »Ich fahr' mal irgendwohin – ich bin hier

nicht mehr lange.« – Das ist das Fernweh, die Sehnsucht, der Traum von der großen Freiheit.
Bernhard, der Weltumsegler, war auch so ein Träumer …

Der Einhandsegler
oder Wenn Klara mal nicht mehr ist...

(Ein Seebär mit Elbsegler-Mütze steht pfeiferauchend am Tresen.)
Also nee – ich hab' ja schon früher immer gesagt: Wenn Klara mal nicht mehr ist, meine Frau, dann hält mich sowieso nichts mehr an Land. Dann hau' ich ab... ich segel' los – durchs Skagerrak, an Irland vorbei und mit 'n Äquatorialstrom rüber übern Atlantik. Rollo Gebhardt, das ist mein Mann – und nicht wie die bei mir zu Haus im Hafen in Kiel, diese Feierabendsegler. Also nee, da muß ich schon echt drüber lächeln – über diese Kieler-Woche-Seeleute – allein schon, wie sie immer im Dreieck segeln vor der Kieler Bucht: erst nach Backbord, denn nach Steuerbord und denn wieder zurück... Nee, wenn ich mal lossegel', denn komm' ich nie mehr zurück. Vor zehn Jahren war das schon mal soweit. Ich hatte schon ein Faß Rum gebumkert. Und Astronautenkost und Pökelfleisch an Bord. Die Route war ausgearbeitet. Kein Wort darüber zu Klara. Weil, in so einem Fall mußt du deine Angehörigen vor vollendete Tatsachen stellen. Aber ausgerechnet am Abend vorher kommt Klara tränenüberströmt nach Haus: Krümel muß am Hinterbein operiert werden! Unser Rauhhaardackel.

Na, da konnt' ich den Termin für die Weltumseglung erst mal wieder verschieben. Aber meine Kollegen auf'm Amt – die wissen Bescheid: Eines Tages kommt Bernhard mal nicht zur Arbeit. Und dann ist das soweit. Dann ist er schon im Skagerrak. Und dann an Irland vorbei – und mit 'n Äquatorialstrom rüber übern Atlantik – ein Mann und die Naturgewalten. Das ist nämlich der eigentliche Sinn – der Inhalt vom Segeln. Und nicht wie bei mir in Kiel diese Schönwetterseeleute. Segeln sie da um irgendwelche lächerlichen Pokale. Oder wer zuerst wieder im Hafen ist! Und montags morgens sitzen sie denn wieder im Büro ...

Na ja – als Krümel denn operiert war, wurde er nicht wieder so richtig – und Klara war ewig am Jammern. Dann wurde sie selber krank – hatte sie das mit der Galle. Da blieb denn wieder alles an mir hängen: das Haus, der Garten, der Hund ... Da bin ich denn aber immer abends raus auf mein Schiff – das liegt im Kieler Osthafen und ist fast fertig –, bin ich also immer da an Bord und hab' meinen Rum getestet. Ja, das ist ja wichtig. Weil: Wenn du dann ganz allein auf See bist – dann kommt ja diese enorme Einsamkeit in der Naturgewalt, also diese ungeheure Unendlichkeit des ewigen Meeres. Na ja, und damit du da dann nicht durchdrehst, muß' du denn immer mal einen kleinen Schluck nehmen, um dich wieder aufzubauen. Insofern war Klara ja sogar ein echt gutes Training für mich. Sie war ja auch so eine Art Naturgewalt.

Aber wenn ich denn so an Bord saß – so nach dem

dritten oder vierten Rum, weißt du, denn war mir manchmal schon so – als wär' ich schon im Skagerrak – und denn an Irland vorbei – und mit 'n Äquatorialstrom rüber übern Atlantik! Und da drüben, nicht wahr, da such' ich mir den natürlich so eine kaffeebraune Kleine, verstehst du, hä, hä, hä – das hat man denn ja wohl verdient nach all den Strapazen und übermenschlichen Anstrengungen ...
(Legt Geld auf den Tresen): So, ich muß jetzt los. Muß nach Hause. Der Rasen muß noch gesprengt werden. Ja, seit Klara nun tot ist – vorm Jahr ist sie ja übern Jordan –, ich hab' ihr das versprochen auf 'm Sterbebett, daß ich mich noch um das Haus kümmer' und um ihre Rosen ...
Meine Kollegen auf 'm Amt sagen immer: Wann segelst du denn nun endlich los, Bernhard? Die haben gut reden. Und Krümel? Ich mein': Er humpelt zwar, aber er lebt ja noch ... Aber eines Tages, das kannst du mir glauben: Da hau' ich ab, da hält mich hier nichts mehr. Ich segel' erst durchs Skagerrak, dann an Irland vorbei – und mit 'n Äquatorialstrom rüber übern Atlantik. Ein Mann und die Naturgewalten. Und nicht wie diese, diese Feierabendsegler! Ahoi!

Der Song von der Bahnhofskneipe
»Zum letzten Anschluß«

In der Bahnhofskneipe bei Kurt –
jeder kommt und muß gleich wieder fort.
Steht am Tresen, trinkt ein Bier.
Labert vor sich hin dafür.
Tag und Nacht, das ganze Jahr.
Kurt hört zu und sagt: »Ja, ja.
Ich glaub', ich kann Sie gut verstehn!
Ein Bier, einmal Würstchen, sechs Mark und zehn!«

Zwischen einem großen Unrecht und dem nächsten
stellt sich manchmal eine kleine Pause ein.
Nach dem großen Wahnsinn, vor dem allergrößten:
Einen Augenblick scheint alles still zu sein:
Das ist die Ruhe vor dem Knall.
Das kurze Glück im freien Fall.
Man sitzt auf seinen Koffern und begreift noch nicht,
 was war.
Es geht bestimmt gleich weiter. Doch der Zug ist noch
 nicht da.

In der Bahnhofskneipe bei Kurt . . .

Feine Dame, die an Mordgedanken leidet.
Polizist, der seine Frau seit Wochen sucht.

Ein Herr Doktor, als Stadtstreicher verkleidet –
Leute, Menschen, Gäste, Typen auf der Flucht.
Schicksal, großes Weltgeschehn
kommt minutenlang zum Stehn.
Man sitzt auf seinen Koffern, als ob wirklich Friede
wär'.
Und wartet auf den Anschlußzug ins nächste
Ungefähr.

In der Bahnhofskneipe bei Kurt ...

Mancher hat den Zug verpaßt um ein Jahrhundert.
Aber rätselhaft der Auftritt jenes Herrn,
der den Fahrplan las und sagte dann verwundert:
Oh, Entschuldigung, dies ist der falsche Stern!
Der falsche Zug, das falsche Gleis.
Woher? Wohin? Wann kommt ...? Wer weiß?
Man sitzt auf seinen Koffern wie ein Spiegelbild im
Traum.
Nicht mehr ganz hier, noch nicht ganz fort –
im Zeitenzwischenraum ...

In der Bahnhofskneipe bei Kurt ...

Fotonachweis

Schutzumschlag: action press, hamburg
Sämtliche Fotos im Textteil: D + Q Fotografen, Berlin